新訳文庫

人口論

マルサス

斉藤悦則訳

kobunsha classics

光文社

Title : An Essay on the Principle of Population
1798
Author : Thomas Robert Malthus

凡例

一　本書の底本は、匿名で出版された下記の初版本である。
An Essay on the Principle of Population. As It Affects the Future Improvement of Society, with Remarks on the Speculations of Mr. Godwin, M. Condorcet, and Other Writers. London: Printed for J. Johnson, in St. Paul's Church-yard: 1798

二　（ ）は原著者のもの、［ ］は訳者による注記、「 」は原文で引用符、傍点は原文でイタリック体。

三　原注の箇所には＊を付し、その段落の直後に、やや小さな文字で原注部分を訳した。

四　原文はパラグラフごとに一行を空けているが、本訳書ではその空きを減じた。

五　読者にとって読みやすいように、改行を原著よりも増やした。

『人口論』目次

序文　19

第一章　22
問題点――意見対立のせいで問題の解決がむずかしいこと――人間と社会の完成可能性に否定的な考え方については、ちゃんとした反論がない――人口増加がもたらす問題の性質――本書の主張の概要

第二章　33
人口と食糧の増加率の違い――増加率の違いの必然的な帰結――下層階級の暮らしぶりの上下運動――この上下運動がさほど注目されてこなかった理由――本書の主張全体の基礎をなす三つの命題――それに関連して検討されるべき人類の歴史の諸段階

第三章　46
未開段階、あるいは狩猟民族について――遊牧民族、あるいはローマ

帝国を侵略した蛮族――食糧増加を上回る人口増加――北方からの民族大移動の原因

第四章　56
文明国の状態――現在のヨーロッパはシーザーの時代より人口が多いかもしれない――人口についての最良の基準――ヒュームが用いた人口推計の基準はおそらく誤っている――ヨーロッパの多くの国における人口の伸びの鈍さ――二つの主要な人口抑制法――そのひとつ、事前予防的な人口抑制をイングランドを例に検討する

第五章　67
第二の人口抑制、すなわち、積極的な抑制をイングランドで検証――イングランドで貧乏人のために徴収された巨額の金が、貧乏人の生活を改善しない真の原因――救貧法が本来の目的からそれていく強力な傾向――一時しのぎながら貧乏人の困窮を緩和する策の提言――窮乏

化の圧力を下層階級から完全に除去することは、人間の本性の不変の法則により、絶対に不可能である――人口抑制の全体は、貧困と悪徳にわけられる

第六章　87
新しい植民地――その人口増加が速い理由――北アメリカ植民地――奥地の植民地での人口急増は異例――歴史の古い国においても、戦争、疫病、飢餓、天災による荒廃からの復興は迅速である

第七章　95
伝染病の原因と考えられるもの――ジュースミルヒ氏の統計表の抜粋――周期的な疫病の発生はありうること――短期間の出生と埋葬の比を、その国のじっさいの平均的な人口増加の基準とするのは不適切――長期間の人口増加の最良の基準――きわめて質素な生活が中国やインドで起こった飢饉の一原因――ピット氏が提案した救貧法案の

条項の有害な傾向――人口増加を促す唯一の適正な方法――国民の幸福の諸原因――飢饉は、自然が人口過剰を抑制するもっとも恐ろしい最後の手段――確定できたと考えられる三つの命題

第八章　114

ウォレス氏――人口増加による困難の発生は遠い未来の話と考えるのは誤り――コンドルセ氏が描く人間精神進歩の歴史――コンドルセ氏のいう振動が人類において発生する時期

第九章　123

人間の身体的な完成可能性と寿命の無限ののびにかんするコンドルセ氏の説――限界が特定できないことから、部分的な改良を進歩の無限性に結びつける主張の誤り。家畜の改良と植物の栽培を例に、それを明らかにする

第十章　135
ゴドウィン氏の平等社会――人類の悪徳をすべて社会のせいにすることの誤り――人口増加がもたらす問題にたいするゴドウィン氏の第一次回答はまったく不十分――ゴドウィン氏が実現を予想した美しい平等社会――それは単純に人口の原理によって、わずか三十年で完全に崩壊する

第十一章　158
ゴドウィン氏の推測によれば、男女間の性欲はやがて消えてなくなる――その推測には根拠がない――愛の情念は、理性にも道徳にも反するものではない

第十二章　164
人間の寿命は無限にのびるとするゴドウィン氏の憶測――精神への刺激が肉体におよぼす影響についての誤った考え方とその諸例――過去

にもとづかない憶測は非学問的——人間は地上での不死に接近しているというゴドウィン氏とコンドルセ氏の憶測は、懐疑論の不整合性の奇妙な実例

第十三章 185
人間をたんに理性のみの存在と考えるゴドウィン氏の誤り——人間は複雑な存在であり、肉体的な欲望が知的な決断を乱す力として働く——強制についてのゴドウィン氏の考え方——人から人へ伝達しえない真理もある

第十四章 195
政治的真理にかんするゴドウィン氏の五つの命題。それは、彼のすべての基礎であるが、しかし確たるものではない——人口の原理による貧窮のために、人間の悪徳と道徳的な弱さは撲滅できない。それはなぜかという理由を明らかにする——ゴドウィン氏がいう意味での完成

可能性は、人間にはあてはまらない――人間がほんとうに完全なものになりうるかどうかの例証

第十五章 205
あまりにも完全なモデルは、改善にとって有益というより、しばしば有害――ゴドウィン氏の論文「吝嗇と浪費」――社会にとっての必要労働を公平に分割することの不可能――労働批判は現実の弊害を増すだけで、将来の改善にはほとんど、あるいはまったく役立たない――農業労働の量を増やすことはかならず労働者に益をもたらす

第十六章 221
アダム・スミス博士は、社会の収入やストックの増加をすべて、労働の賃金にあてられる資金の増加とみなす点で誤っているのではなかろうか――国が豊かになっても、貧しい労働者の生活が良くならない実例――イングランドでは富が増大したが、労働の賃金にあてられる資

金はそれに比例して増加しなかった――中国の貧民の生活は、工業で国を豊かにしても改善されない

第十七章　236
国の豊かさの正しい定義について――製造業の労働はすべて不生産的だというフランスのエコノミストの理屈と、その誤り――職人および製造業者の労働は個人にとっては生産的だが、国家にとってはそうではない――プライス博士の二巻本『観察記』の注目すべき一節――プライス博士は、アメリカ人の幸福と急速な人口増加を主としてその文明の特殊さに結びつけているが、それは誤っている――社会の改善の前途に横たわる困難に目をとじるのは何の益ももたらさない

第十八章　250
人口の原理は人間をつねに苦しめるので、そのために人は未来に希望を託すようになる――人生を試練と見なすのは、神の先見性という観

念と矛盾する——この世は物質を目覚めさせ、それに精神を与える力強いプロセスであろう——精神の成長の理論——肉体的な欲求による刺激——一般法則の働きによる刺激——人口の原理がもたらす人生の厳しさによる刺激

第十九章　267

人生の悲しみは、人の心にやさしさと人間味をもたらすために不可欠——社会的な共感能力への刺激は、たんなる才人よりも、もっと上等な人間をつくりだす——道徳的にすぐれたものが生まれるためには、道徳的に悪いものが必要——自然の無限の変化と、形而上の問題のむずかしさが、知的な欲求による刺激をたえずかきたてる——神の啓示にまつわる難点は、この原理によって説明される——聖書で示される程度の神のあかしが、人間の能力を向上させ、人間の道徳心を改善するためには、適度である——精神は刺激によってつくられるという考えで、自然と社会における悪の存在理由は説明されるように思われる

人口論

人口の原理について
将来の社会の改善に役立つように、
ゴドウィン氏、コンドルセ氏、およびその他の方々の論考にふれつつ、論じる

一七九八年　ロンドン

序文

本書は、ゴドウィン氏の著作『探求者』所収の論文「吝嗇《りんしょく》と浪費」について、一友人と語り合ったことから生まれた。友人との議論は、将来における社会の改善という一般的な問題にまで及んだ。私は、そのときうまく表現できなかった自分の考えを、紙に書いて友人に読んでもらおうと、まずはただそういう気持ちで机に向かったのである。ところが、問題をつきつめていくうちに、それまで思いもつかなかったような考えがつぎつぎと浮かんできた。そして、一般のひとびとにも興味深いテーマならば、どんなアイデアでも素直に受けとめてもらえるだろうと思うに至り、自分の考えを書物の形にしようと決めたのである。

たしかに、全体的な論拠を示すうえでは、もっと多くのデータを収集したほうがより完全になっただろう。しかし、別の仕事に長く時間をとられたこともあったし、また、出版の時期を当初の計画より大幅に遅らせたくないという（やや手前勝手な）思いもあって、ずっと問題に取り組み続けるわけにはいかなかった。それでも、本書で提示した事実は、将来における人類の改善について、わたしの意見の正しさを十分に証明してくれるものと自負する。いま一度じっくり考えてみても、わたしの意見をきちんと伝えるためには、平易に叙述することと、ごく大まかな社会の見取り図が提示できれば十分のはずだ。

さて、人口はつねに生活物資の水準におしとどめられる。これは明白な真理であり、多くの論者が指摘していることでもある。しかし、私の知るかぎり、人口をこの水準にとどめる方法については、誰も特別に研究していない。そして、私が思うに、この方法についての見解こそが、将来における社会の大きな改善にとって、もっとも厄介な障害になるのである。この興味深いテーマをめぐる議論に、私はひたすら真理を愛する者として、また特定の集団や思想に対していかなる偏見も持たぬ者として関わる。そのことを読者に理解してもらいたい。私は、将来における社会の改善を説くあれこれの論文を読むとき、最初からそれを夢物語と決めつけたりしなかった。自分にとって望ましいものは証拠がなくても信じたり、自分にとって不快なものは証拠があっても拒否するような態度を私はとらない。

人間の生活にかんして本書が描く光景は、たしかに暗い。しかし、その暗さは著者のまなざしのゆがみや、生来の不機嫌な気質によるものではなく、まさしく現実をそのまま描けばこうなるとの確信に由来する。本書の最後の二章で示される人間の精神についての理論は、人生の害悪のほとんどについて、その存在を自分としては満足できる形で説明したものである。しかし、それがほかの人にも同じ効果をもつかどうかは、読者の判定にまかせるしかない。

私が社会の改善にとっての難点と考えることがらについて、有能な方々の注意をひくことに成功し、そしてその結果、たとえ理論的にでも、そうした難点が除去できるとわかったならば、私は喜んで現在の見解を撤回するし、自分のほうが間違っていたのだと確信できてうれしく思うだろう。

一七九八年六月七日

第一章

問題点――意見対立のせいで問題の解決がむずかしいこと――人間と社会の完成可能性に否定的な考え方については、ちゃんとした反論がない――人口増加がもたらす問題の性質――本書の主張の概要

自然哲学において最近、いろいろ意外な大発見があった。また、印刷技術の発達によって一般知識がますます普及した。教養人はもちろん無教養のひとびとのあいだにも熱心で自由な研究心が拡がっている。政治の諸問題にもまったく新しい光があたり、ひとびとを驚嘆《きょうたん》させている。とくにあの途方もない政治的大事件、フランス革命は炎をあげる彗星のように、新たな活力と元気のもととなるか、もしくは地上でちぢみあがっているひとびとを焼き滅ぼすか、そのどちらかに向かうだろう。以上のできごとによって、多くの識者たちが共通の意見をいだくに至った。すなわち、われわれは

いま、きわめて重大な変化の時期にさしかかっている。そして、この変化は人類の将来を左右するほどのものである。

たしかに、いま大きな問題で意見の対立がある。一方の意見によれば、人間はこれからますますスピーディーに、これまで思いも及ばなかった無限の改善にむかって前進するだろう。もう一方の意見によれば、人間は幸せと不幸せのあいだを永遠に往復するのが世の定めであり、どんなに努力しても念願のゴールははやり、はるかかなたのままだろう。

人類愛をもつ者はみな、現在の苦しくて不安な状態の解消を切実に求めているにちがいない。また、研究心をもつ者は、将来の見通しに役立ちそうなあらゆるヒントを熱心に求めているだろう。しかしながら、この重大問題について、どちらの側の識者も互いにそっぽを向いたままである。じつに嘆かわしい。彼らの主張が互いに率直に検討されることもない。問題が少数の論点に絞られていくこともなく、理論のレベルにおいてさえ結論への接近がほとんど見られない。

現状を肯定する側は、思索的な哲学者の連中を怪しむ。すなわち、連中は熱心な慈善活動を説き、より幸福な社会の姿を魅力的に描いてみせるが、じつは現在の体制を破壊して、自分たちが抱く野心的なたくらみを推進できればよいと考えているだけの、ずる賢い悪党にすぎない。もしくは、連中は粗野で頭のいかれた偏執狂の集まりにすぎず、連中の愚かな空想や不条理な逆説は理性的な人間にとって注目にも値しない。

人間と社会の完成可能性を主張する側は、現状肯定派にたいして一段と強い侮蔑を投げ返す。つまり、もっともみじめで狭量な偏見の奴隷という烙印《らくいん》をおす。あるいは、現状から利を得ているという理由だけで、市民社会の悪弊の弁護者という烙印をおす。利益のためなら理性をも売り渡す輩《やから》、あるいは偉大で高貴なことは何ひとつ理解できないお粗末な心の持ち主、五ヤード以上先が見えない人間、したがってまた、人類を啓蒙した恩人の考えなどまったく理解できるはずがない者として相手を描く。

こうした非友好的な言い争いでは、真理の主張も台無しだ。どちらの側にも、じつはそれぞれ良い点があるのに、それをきちんと評価してはいけないことになっている。どちらも自分たちの理論を追究するばかりで、相手の言い分に耳を傾けて自分たちの理論を是正したり改善したりする気持ちなどほとんどない。

現状肯定派は、政治的な思索を総じて空論と見なす。社会の完成可能性を説く側の論拠など、わざわざ検証してみるまでもないらしい。ましてや、相手の誤りを公正かつ率直な態度で説明してあげる親切心など、抱くわけがない。

思索的な哲学者も同様に、真理の大道から逸《そ》れる。より幸福な社会のあり方しか視野になく、恵まれた未来を魅力あふれる姿で描きだすが、現在の制度についてはことごとく辛辣にののしるばかり。その優秀な頭脳は、現在の悪弊を取り除く最良かつ安全な方法を考えるためには用いられない。たとえ理論的にであれ、改善にむかう人間の進歩を脅かすような、そういう大変な障害が存在することには気づいてもいないようだ。

正しい理論はかならず実験によって確かめられる、というのは学問における公認の真理である。しかし、じっさいの場面ではさまざまの衝突があり、無数のこまかい問題が生じる。それは達識の士でもほとんど予見できないものである。したがって、経験の試練に耐えられなかった理論で、正しいことを語っているといえるようなテーマはめったにない。試練を経てない理論は、それに反対する議論をじっくりと吟味し、明快かつ理路整然と論駁《ろんばく》した上でなければ、正しいといえないのはもちろん、聞くに値するともいえないのである。

さて、人間と社会の完成可能性について思索した論文をいくつか読んで、私も大いに楽しませてもらった。そこで描かれる魅惑の光景は、心を暖め、気持ちを弾ませる。そういうありがたい改善を私も熱望する。しかし、私の見るところ、そこへ至る道には大きな難関、というか、乗り越え不能の難関が横たわる。まさにその難関について述べるのが本書の目的なのである。ただし私は、改革派をこれで論破できるからといって、そうした難関の存在を喜んでいるわけではない。それどころか、そうした難関が完全に除去できるならば、私にとってこれほどうれしいことはない。そう付言しておく。

私がこれから述べる考えは、そのもっとも重要な部分すら、たしかに斬新なものではない。その基礎をなす諸原理は、すでに一部分はヒュームによって、そして大部分はアダム・スミス博士によって説明済みである。また、影響力も弱く、説得力も乏しかったとはいえ、ウォレス氏は理論をさらに前進させて、それをこの問題に当てはめてみている。その他、私の知らぬ多くの論者たちが、おそらく私と似たような意見を述べていることだろう。したがって当然、私は同じ意見を重ねようとは思わない。私の狙いは、これまで正当で納得できる考え方とされてきたものを、私の知るかぎりにおいて従来といささか異なる観点から、とらえなおすことである。

人間の完成可能性を説く側は、なぜかしら、そういう考え方を無視する。たしかに、ゴドウィンやコンドルセのような人たちは才人《さいじん》である。彼らの誠実さも疑いたくない。しかし、私の理解するかぎり、またおそらく他の多くのひとびともそう思うだろうが、難関は乗り越え不能なのである。なのに、すばらしい才能と洞察力の持ち主とされる方々は、なかなかそれに気づかない。そして、彼らは衰えぬ熱意とゆるぎない自信とともに、例の思索の道をひたすら突き進む。もちろん私には、彼らは相手の主張をわざと無視しているといえる権利などない。むしろ、そういう方々に無視されるような主張は、たとえどれだけ私の心を打つほど真実味があっても、その正当性を疑う義務がある。とはいえ、この点でわれわれはみな間違いを犯しやすいことを認めなければならない。ワインのグラスを何回も差し出すのに、それに全然気づかない人を見たら、私はその人をまったくの盲人か、もしくはまったくの礼儀知らずと思いたくなる。それとも、もっと正しく考えるならば、私は自分の視覚にあざむかれており、その場で出されたものは私がイメージしたものではないと思うべきなのか。

議論に入る前に、私にとっての前提を述べておきたい。私は、現在の時点での単なる憶測をすべて問題外とする。すなわち、学問的な根拠をもたず、実現の可能性がない仮説、推論をすべて問題外とする。ある作家が私に、人間は最終的には駝鳥になるだろうと語っても、それは一向にかまわない。私は相手にわかるように反駁することができないからである。しかし、もし彼が理性をもったひとびとを自分の側につかせたいのであれば、彼はきちんとした証拠を示さねばならない。すなわち、人間の首はだんだん長くなっていること、人間の唇はますます硬く、ますます前に突きだしてきていること、人間の脚は日ごとに形を変えていること、人間の髪は羽根の根に変化し始めていることなどを証明しなければならない。この不思議な変化が現実に起こりうることの証明がなされないかぎり、変化をとげた段階での人間がいかに幸福であるかを詳述しても、それは時間の無駄であり、雄弁の空費である。駝鳥になった人間は走る力と飛ぶ力を兼ね備えるとか、駝鳥になれば、つまらない贅沢が悪とされ、生活に必要な分だけ収集すればよく、したがって個々人がうけもつ労働時間は少なく、余暇の時間が豊かになるとか、駄弁もいいところである。

私が思うに、つぎの二つは自明の前提にしてもよかろう。

第一に、食糧は人間の生存にとって不可欠である。

第二に、男女間の性欲は必然であり、ほぼ現状のまま将来も存続する。

この二つの法則は、われわれが人間というものについて何ほどかを知って以来、人間の本性の不変の法則とされてきた。そして、われわれの知るかぎり、これまで何の変更もなされたことがない。ゆえに、これらの法則が現在のようなありかたをやめるとすれば、それは偉大なる神の力が直接働いた場合だけだろう。なにしろ神は、この宇宙の体系を最初にととのえられた方であり、そして今なお人間たちのために、不変の法則にしたがってさまざまな営みを続けていらっしゃるお方だからである。

この地上で人間がついには食糧なしで生きられるようになる、と思っている著述家は皆無だろう。しかし、男女間の性欲については、ゴドウィン氏の推測によれば、それはやがて消滅するかもしれない。ただし、ゴドウィン氏自身がこの発言を憶測の領域への逸脱と呼んでいるから、私も当面はつぎの一点のみを指摘するにとどめる。すなわち、人間の完成可能性を説く側の最良の理論は、人間がすでに野蛮状態を脱して大きく進歩していること、そしてその進歩がどこで止まるのかは特定しがたいことを論拠とする。しかしながら、男女間の性欲の消滅については、いままでのところ、その方向への進歩はまったく見られない。それはいまでも二千年前、あるいは四千年前と同じぐらいパワフルなままであると思われる。もちろん、昔も今も個人的には例外がある。しかし、例外の数が増えているようには見えないし、そもそも例外の存在のみを根拠に、例外がやがては法則になり、法則が例外になると推論するのは、はなはだしく非学問的な態度でしかあるまい。

そこで、私のたてた前提が承認されたものと仮定して話を続けるなら、人口が増える力は、土地が人間の食糧を生産する力よりもはるかに大きい。

人口は、何の抑制もなければ、等比級数的に増加する。生活物資は等差級数的にしか増加しない。いささかでも数学の素養があればわかるはずだが、前者の増え方は後者に比べると相当なものである。

人間が生きるためには食物が必要というのが自然の法則だから、人口と食糧は伸び率が異なっても結果的にはバランスがとれるにちがいない。
それはどういうことかというと、生存の困難が人口の増加をたえず強力に抑制するのである。この困難は人類のある部分にふりかからざるをえず、そして必然的にそれは人数が多い部分にきびしくのしかかる。

自然は、動植物の王国に生命の種を惜しみなくたっぷりとばらまいてきた。しかし、命を育むのに必要な空間や養分についてはいささか物惜しみする。今この地点に含まれる生命の種に、それをどこまでも成長させるに足る食糧とスペースが与えられたならば、数千年のうちに地球数百万個分の生命があふれるだろう。必然性、すなわち厳然と全体を支配する自然の法則が、生命の数をあらかじめ定められた範囲内に制限するのである。植物も動物も、この偉大なる制限の法則のもとで縮こまる。そして人間も、理性をいかに働かせようと、この法則から逃れることはできない。植物や動物の場合、その結果は種子の浪費、病気、早死にという形になる。人間の場合は貧困と悪徳だ。貧困は絶対不可避の帰結であるが、悪徳は起こる確率が高いだけのものである。つまり、悪徳はかなり広汎に見られるものではあるが、絶対不可避の帰結とはいえまい。あらゆる悪への誘惑に抗うことが、善い生き方にとっての試練である。

さて、人口の増加力と土地の生産力とのあいだには自然の不均衡があり、そして、やはり自然の大法則により両者は結果的に均衡するよう保たれる。私の見るところ、このことが社会の完成可能性にとって乗り越え不能の大きな難関となる。これに比べれば、その他はすべて些末《さまつ》で副次的な問題にすぎない。すべての生き物を支配することの法則の重圧から、どうすれば人間は逃れられるか、私は知らない。どんなに平等の幻想をいだいても、どんなに農業の管理を徹底しても、自然の法則の圧力からは一世紀の間ですら免れられまい。すべての人間が安楽に幸福に、そしてのどかに暮らすことができ、自分や家族の生存手段にかんする不安を少しも覚えないような社会、そういう社会がありうるとする考えに対して、これは決定的な反証になると思われる。

したがって、そうした前提が正しいならば、人類全体の完成可能性に反対する主張のほうが絶対に正しい。

以上、私の主張の概要を述べてきたが、以下ではそれをさらに個別的に検討することにしよう。そして、あらゆる知識の真の源泉であり基礎でもある経験が、やはりここでもその正しさを確証することが明らかになるはずだ。

第二章

人口と食糧の増加率の違い——増加率の違いの必然的な帰結——下層階級の暮らしぶりの上下運動——この上下運動がさほど注目されてこなかった理由——本書の主張全体の基礎をなす三つの命題——それに関連して検討されるべき人類の歴史の諸段階

人口は、何の抑制もなければ等比級数的に増加する。一方、人間の生活物資の増え方は等差級数的である。

こういう私の見解が正しいかどうか、いっしょに検討しよう。

さて、つぎのような国は（われわれの知るかぎり）これまでひとつも存在したことがない。すなわち、ひとびとの生活態度がきわめて純粋素朴で、かつ食糧もきわめて豊富なために、下層階級においては早婚しても家族を養いきれないという恐れがなく、上流階級においては早婚しても生活水準が下がるという恐れがないので、早婚にいかなる抑制もなされない、そういう国は存在したことがない。したがって、やはりわれわれの知るかぎり、いかなる国でも、人口の増加力が完全に自由に放任されたことはなかった。とりあえず、この点は認めていただけるだろう。

結婚についての法律があろうとなかろうと、男性がひとりの女性に早くから愛着を覚えるのは人間の本性および道徳の命ずるところであるように思われる。選択を誤ったと思えば相手を自由に変更できるとしても、それがはなはだしい悪徳にいたらなければ、この自由は人口に影響を及ぼさないだろう。とりあえず、われわれはまず、悪徳がめったに見られない社会があると仮定しておく。

純朴な気風が支配し、生活物資がとても豊かなので社会のどの階層にも家族扶養の面での不安がない国、つまり万民がかなり平等で徳性も高い国では、人口の増加力は抑制されず放任されるので、明らかに人類はこれまでに知られている増加率をはるかに上回って増大してゆくであろう。

アメリカ合衆国が好例だ。アメリカはヨーロッパのいずれの近代国家よりも、生活物資が豊かであり、ひとびとは純朴で、したがって早婚の抑制も少ない国である。その国では人口がわずか二十五年で二倍になった。

この増加率は、人口の最大増加力には及ばないが、それでも現実に経験された数値であるから、われわれはこれを基準としよう。すなわち、人口は抑制されない場合、二十五年ごとに二倍になる。つまり、人口は等比級数的に増加するのである。

一方、土地が産み出す食糧の増加率はどうだろう。地球上の任意の一点、たとえばこの島国［イングランド］でそれを見てみよう。とりあえず、われわれはこの島の現在の耕作状態をベースに考察してみる。

この島国で、もっと多くの土地が開墾され、農業がおおいに奨励されるなど、最良の政策がとられた場合、農業生産は最初の二十五年で倍増するかもしれない。もしそれがありうるならば、食糧の需要はすべて満たされると言ってよい。

しかし、つぎの二十五年で生産が四倍に増加することはありえない。四倍増という想定は、土地の性質にかんするすべての常識に反する。われわれが想定しうる最大限は、つぎの二十五年で現在の生産量と同程度の増分がえられるというものである。もちろん、それでも真実をはるかに上回っているけれども、いちおうこれを基準にしよう。さて、この島国でひとびとがものすごく努力すれば、総生産はいま生産されている物量にひとしい分だけ、二十五年ごとに増加するであろう。どんなに狂信的な空想家でも、これ以上の増大を考えることはできまい。ともかく、そうした努力の結果、この島国は数世紀のうちに隅から隅まで全体が菜園と化すであろう。

しかし、この増え方はどう見ても等差級数的である。

ゆえに、生活物資の増え方は等差級数的である、と言ってよかろう。

そこで、以上で示した二つの増加率の結果をむすびつけてみよう。


この島国の人口はおよそ七百万人とされる。現在の農業生産量はこの七百万人を養う分にひとしいと仮定しよう。二十五年後、人口は千四百万人になるが、食糧も倍増するから、生存の手段もひとしく増加していることになる。さらに二十五年後、人口は二千八百万人になるが、生存手段は二千百万人を養う分しかない。そのつぎの二十五年後、人口は五千六百万人となるが、生存手段は人口の半数分しかない。そして、いまから百年後、人口は一億一千二百万人となるが、生存手段は三千五百万人分しかなく、残りの七千七百万人はまったく食物にありつけないだろう。大量の人間が海外に流出するのは、彼らが捨て去る国になんらかの不幸があるからに違いない。家族、縁者、友人、そして故郷を離れて、行ったこともない異国に移り住もうとするのは、ほとんどの場合、いま住んでいる場所によほど強い不安の原因があるからか、もしくは移住先でよほど大きな利益がえられると思うからだ。

さて、議論をもっと一般化し、かつ移民にかんする偏見からも免れるために、地球の一地点ではなく地球全体を対象にし、また人口制限をしているところはどこにもないと仮定しよう。地球が人間に提供する食糧が二十五年ごとに、いま全世界で生産されているものと同じ量ずつ増加していくとするならば、地球は絶対的に無限の生産力をもつことになるし、その増加率は人間の努力で到達しうると思われるレベルよりも高いと言えよう。

世界の人口は何人としようか。たとえば十億人だとしよう。人類は、一、二、四、八、一六、三二、六四、一二八、二五六、五一二、といった増え方をし、食糧は、一、

二、三、四、五、六、七、八、九、一〇、のように増える。すると、二百二十五年後には人口と食糧の比は五一二対一〇となり、三百年後には四〇九六対一三となるであろう。そして二千年後、食糧生産もかなり増大するだろうが、それに対する人口の比はさらにほとんど計算不能なほどの大数となろう。

土地の生産物はいずれも無限に増大するものとする。それはどこまでも増大し、その量はいかなる推定値をも上回るかもしれない。しかし、それでもやはり人口の増加力ははるかに高次元のパワーなのである。この人類の増加が食糧の増加とつりあうレベルに保たれるのは、必然性という強力な［自然の］法則が人口増加のパワーを抑止するものとして常時機能してのみ可能となる。

そこで、その抑止効果について考察したい。

植物や動物の場合は、話が簡単である。動植物をつきうごかすのは、種の増殖を求める力強い本能であり、この本能は子どもをどう養うかといった思いや悩みによって妨げられることがない。それゆえ、自由があるところではどこでも増加力がのびのびと発揮され、その過剰な結果は事後的に抑制される。すなわち、生まれても空間と養分の不足によって死ぬ。これは動物と植物に共通する話だ。動物の場合は、他の動物の餌になる。

人間の場合、抑止効果はもっと複雑である。人間もやはり力強い本能につきうごかされて種の増殖に向かうが、人間の場合は理性がその進行を妨げる。生まれる子どもに食べ物を与えられないなら子どもを産むべきではないのではないか、と理性は人間に問いかけるのである。

人間がみな平等なら、こういう単純な質問だけですむ。しかし、現在のような社会においては、ほかにもいろいろ考えねばならないことが浮かんでくる。たとえば、自分の社会的地位が下がるのではないか。いまよりもっと大きな困難をかかえることになりはしないか。もっと懸命に働かねばならなくなるのではないか。大きな家族をかかえる者は、力いっぱい努力しても家族を養いきれないのではないか。生まれた子どもはみじめにボロをまとい、パンがほしいと泣き叫んでも、自分はそのパンを与えられないのではないか。自立もできなくなり、他人の施しにすがらざるをえないまでに落ちぶれるのか。

こうした心配事があるせいで、文明国のひとびとの大多数は、若いときに女性と結合したがる自然の衝動に屈服するまいと考えるし、じっさい屈服しないでいる。そして、この抑制は、絶対にとは言わないまでも、ほとんど必然的に悪徳を生む。しかしながら、すべての社会において、もっとも悪徳がはびこる社会においてすら、男女の健全な結合への意欲はきわめて強いので、人口増加にむけての努力は恒常的に営まれる。この恒常的な営みは、まさしく恒常的に社会の下層階級を苦しめ、そして彼らの生活を改善するためのあらゆる大事業を妨げる。

こうした結果が生み出されるプロセスはつぎのようなものである。

まず、いずれの国でも食糧はその国の住民を楽に養える分にひとしい、と仮定しよう。人口増加にむけての恒常的な営みは、もっとも悪徳のはびこる社会においてさえじっさいに見られるものであり、食糧が増産されるより先に人間の数を増やしてしまう。したがって、以前は七百万人を養ってきた食糧をいまは七百五十万人あるいは八百万人で分割しなければならない。当然、貧しいひとびとはさらに貧しくならざるをえず、彼らの多くは赤貧の状態に追い込まれる。労働者の数は労働市場での需要を上回るから、労働の価格は下落せざるをえず、その一方で、食糧の価格は逆にますます上昇してゆくにちがいない。それゆえ、労働者は以前と同じだけ稼ぐためには、これまで以上に働かねばならない。この困窮の時期においては、結婚することへのためらいと、家族を養うことのむずかしさがかなり高まるので、人口の増加はストップする。他方、労働が安価になり、労働者の数が増え、彼らの勤労意欲もかならず増すので、農場経営者はもっとたくさん彼らを農場に雇い入れ、新しい土地を開墾したくなる。そして耕作地に肥料を施すなど、もっと完全に土地を改良したくなる。そうすると、ついには食糧と人口が以前の時期と同じようにつりあうようになる。そうするとまた、労働者の暮らしぶりはかなり安楽になり、人口抑制はある程度ゆるむことになる。こうして、ひとびとの幸福にかんして後退運動と前進運動が同じようにくりかえされる。

ものごとの表面しか見ない者には、こうした後退と前進の振動は気づかれまい。奥底を見ようとする者にも、その期間の推定はむずかしいかもしれない。しかし、こうした振動は歴史の古い国々のいずこにおいても、さまざまの原因により、存在するのである。それは私が描いたものよりも、もっと目立たず、もっと不規則な形ではあれ、たしかに存在する。ものごとをじっくりと深く考える人なら、それを疑うはずがない。

この振動が、当然期待されるほどには明瞭でなく、経験によってもあまりきちんと確証できなかったことについては、多くの理由があげられる。

おもな理由のひとつは、われわれの知る人類の歴史は上層階級の歴史だけ、ということである。後退と前進の運動がおもに見られる階層の生活様式や慣習については、信頼するに足るような説明を与えてくれたものはほとんどない。ある国民の、ある時代についてさえ、この種の満足できる歴史を知るには、観察者のながい生涯をつうじての、絶えざる細心の注意が必要だろう。

調べるべきことがらは、たとえばつぎのようなものである。成人の何割が結婚しているか。結婚の抑制のせいで、悪習がどの程度ひろがっているか。社会内でもっとも困窮している階層の子どもと、かなり裕福な階層の子どもを比べると、両者の死亡率にどれほどの違いがあるか。労働の実質賃金はどのように変動したか。下層階級のひとびとが生活にゆとりと幸せを覚える状態について、一定の期間中のさまざまの時期に、めだった差異があったかどうか。

このような歴史は、不断の人口抑制がどのように作用するかを明らかにするのにとても役立つだろう。また、私が述べた後退と前進の運動の存在をおそらく実証してくれるだろう。しかし、言っておくが、その振動のタイミングは以下のようなさまざまの攪乱《かくらん》要因のせいで不規則にならざるをえない。たとえば、なんらかの製造業の導入もしくは失敗、農業における企業心の拡がりの大小、豊作の年と凶作の年、戦争とペスト、救貧法、商品市場の比例的拡大がなくとも労働を短縮する方法の発明。そして、とくに重要なのは、労働の名目賃金と実質賃金の差である。これこそが他の何よりも、振動の存在を一般の人の目から隠すのに役立つ要因だった。

労働の名目賃金が、おしなべて下落するのはきわめてまれである。しかし、周知のとおり、食料品の名目価格がしだいに上昇しているときにも、それが変わらぬままでいるのはまれではない。これは、結果的に、賃金の実質的な下落を意味する。そして、この期間、下層階級の生活はますます苦しくなるばかりだ。ところが、農場経営者と資本家は、賃金の実質的下落のおかげでますます裕福になる。なるほど、彼らの資本の増大により、より多くの労働者の雇用が可能になる。働き口が増えれば、その結果、賃金も上昇するだろう。しかし、労働市場における自由は、どの地域にも概して存在しない。それは救貧法のせいか、もしくは、金持ちはすぐ連帯するのに貧乏人は連帯が苦手という一般的な原因のせいだろう。そして、労働市場に自由がないことによって、賃金は上がって当然のときにも上がらない。あるいは、さらに長期間おさえられ続ける。それはたぶん凶作の年まで続くだろう。凶作の年には、さすがに抗議の声が高まり、賃上げの必要性があらがいがたく明瞭になるからだ。

賃金が上昇する真の原因は、このように隠蔽される。金持ちたちは、凶作の年であることを考慮し、貧乏人にたいする思いやりと好意のしるしとして、賃上げを認めるふりをする。そして、ふたたび豊作になると、賃金がふたたび下落しないことに不合理きわまりない不平をこぼしまくる。しかし、ちょっと考えればわかるようにそもそも金持ちたちの不正な陰謀がなければ、賃金はずっと以前に上がっていたはずなのである。

たしかに、金持ちは自分たちだけ連帯して、貧乏人が生活に苦しむ期間をしばしば長引かせる。しかし、社会をどんな形に改善しても常に貧困へと向かう流れはとめられまい。貧困は、不平等な社会においては人口の大部分に、そして平等な社会においては人口の全体におよぶ。

この見解の正しさを支える理論は、私の見るところ、きわめて明快なので、そのどの部分が否定できるのか、推測するのもむずかしい。

人口は食糧がなければ増えることができない。これはまったく自明なので、いかなる例証も必要としない。

食糧があれば人口はひたすら増加する。これは、これまで存在したすべての国の歴史がたっぷりと証明してくれる。

人口増加の大きなパワーは、貧困や悪徳を生み出すことによってしか抑制できないこと。こうしたあまりにも苦い成分が人生という器の中身の大部分をしめること。それらを生み出したと思われる物質的原因は永続的なものであること。以上の命題はかなりの説得力をもって立証される。

しかし、この三つの命題の正しさをさらに十全に確定するために、人類がたどったとされる過去のさまざまの状態を検討しよう。歴史をざっと眺め渡すだけでも、三つの命題は異論の余地のない真理であることが十分納得してもらえるだろうと思う。

第三章

未開段階、あるいは狩猟民族について――遊牧民族、あるいはローマ帝国を侵略した蛮族――食糧増加を上回る人口増加――北方からの民族大移動の原因

人類のもっとも未開の状態においては、狩猟がおもな仕事であり、食物を得る唯一の方法である。この食物は広大な土地のあちこちに散らばっているため、人口も必然的にやや少なくならざるをえない。北アメリカ・インディアンはほかのいずれの人種よりも、男女間の性欲が強くないとされる。しかし、性欲に乏しいこの人種においてさえ、人口増加にむけての努力は生存をささえる手段をつねに上回ると思われる。このことは、インディアンの一部族がたまたま、もっと豊かな土地に定住し、狩猟よりもっと成果のあがるもので栄養がとれるようになった場合、部族の人口が急速に伸

びることによって明らかとなる。また、インディアンの一家族がヨーロッパ系住民の近くに住居をさだめ、もっと安楽で文明的な生活をするようになった場合、一人の女性が五、六人あるいはそれ以上の子を育てあげるのはよくある話だ。これが未開の状態だったら、一家のうちで成人にまで育つ子が一人とか二人以上というのはめったにない。同じようなことは南アフリカ南端のコイコイ族でも観察された。これらの事実は、狩猟民族においても人口増加のエネルギーが生存の手段を上回ることを証明する。そして、そのパワーは自由に放任されたときにその本性をあらわす。これも証明できた。

そこで残された課題は、悪徳や貧困を伴わずに、人口増加力を抑制し、そして、その結果、生存手段とバランスが保たれるようにはできないか、ということである。

北アメリカ・インディアンをひとつの民族と考えても、彼らが自由で平等な民族であるとはとても言えない。いろいろ調べてみると、インディアンをはじめ多くの未開民族において、女性は完全に男性にとっての奴隷の状態にあるようだ。それは文明国において貧乏人が金持ちに隷属している状態よりもはるかに劣悪である。民族の半分が残りの半分にとっての奴隷になっている形だ。そして、人口を抑制する生活困窮は、つねにほとんど必然的に、もっぱら社会の最底辺に属する部分にふりかかる。未開の段階であっても、人間の子どもには十分な配慮が必要である。しかし、この必要な配慮を女性たちは子どもに向けることができない。なぜなら、居住地を頻繁に変えねばならない不便と苦痛に加え、専制的な主人のためにあらゆる世話を休む暇もなくしつづけることを強要されるからである。女性たちはこうした激務を、ときには妊娠中も、あるいは子どもを背負いながらおこなうので、しばしば流産をおこす。また、よほど強健な子ども以外は、成人まで育てあげることもできない。

女性たちの苦難にくわえて、未開人のあいだではつねに戦争があったし、また年老いて体が不自由になった親を、あえて人間の誠の情にさからって、遺棄する必要もあったのである。それを絵に描けば、そこには人間のむごさという汚点がしっかりついているだろう。

未開の民族は幸福だったと美化したくても、壮年期の戦士の姿だけを見てはいけない。そういう人間は百人に一人だ。彼は紳士であり、財産家であり、かずかずの幸運に恵まれた。この人が幸運に恵まれた背後で、ほかの多数者はむなしく失敗したのである。この人にはきっと守護霊がいて、彼を幼児から成人になるまで無数の危険から救ったのだろう。

二つの民族を比較する場合、本当に大事な点は、相互に対応していると見える階層のそれぞれに着目することであると思われる。この見地にたてば、壮年期の戦士は紳士と、未開社会の女性・子ども・老人は文明社会の下層階級と比較されるべきである。

以上の短い考察から、あるいは狩猟民族についての諸説から、つぎのような結論を導き出してもよいのではなかろうか。すなわち、彼らの人口の少なさは食物の少なさに由来すること、食物が潤沢になればただちに人口も増大するであろうこと、また、未開人のあいだでの悪徳を別にすれば、生活苦による悲劇が人口増加の強力なパワーを抑制し、人口を結果的に食糧の産出と均衡させるものであること、である。また、今日における観察や経験が示すところ、こうした抑制は、少数の地域の一時的な例外を除けば、いまでもすべての未開民族において恒常的に働いている。また、理論だけで言うなら、この抑制は千年前もほとんど同じ強さで働いたであろうし、千年後もさほど変わらぬ強さで働くであろう。

人類のつぎの段階、すなわち遊牧民族の風俗習慣がどのようなものであったかは、むしろ未開人のそれ以上にわからない。しかし、遊牧民族も、食糧不足が全体に悲劇をもたらすという運命から免れられるはずがない。このことはヨーロッパおよび世界の多くの国々で十分証明されている。遊牧民族スキタイ人が、獲物をもとめる飢えた狼の群れのように、彼らの生まれた土地から離れたとき、彼らを突き動かしたのは欠乏の力である。このまったくパワフルな原因に突き動かされて、野蛮人の大群が北半球の各地から集まってきたのではなかろうか。そして、これらの集団は移動するにつれて、さらに暗黒と恐怖をふくらませ、ついにはイタリアから明るい陽光を奪い、世界全体を闇夜のなかに沈めてしまった。世界の各地できわめて長く続き、きわめて深刻だったこの恐ろしい出来事も、もとをたどれば原因は生存の手段より人口増加のパワーが勝るという単純なものだったといえる。

ご存じのとおり、牧畜の国は農耕の国ほど多くの住民を養えない。しかし、遊牧民族のすごい点は、彼らがあらゆるものを連れて一緒に移動できる力をもっていたこと、そして、その力を家畜のための牧草地探しにおいてしばしば発揮しなければならなかったことである。家畜をたくさんかかえる部族は、すなわち食物を豊富にもつ部族であった。どうしても必要な場合には家畜の親のほうすら食べられた。

女たちの生活は、狩猟民族のなかでの生活よりはるかに楽であった。男たちは団結力をそなえて勇ましく、場所を変えて家畜のための牧草地を確保する自分たちの力を信じており、家族を養うことへの不安はおそらくほとんど覚えなかっただろう。これらの原因があわさって、ほどなく当然かつ不変の結果が生じた。つまり、人口が増えた。そのために、もっと頻繁かつ急速な場所移動が必要になった。前よりももっと広大な土地がつぎつぎと占領された。まわりは荒野ばかりとなり、それがますます拡がった。

欠乏は社会内のより恵まれないひとびとを痛めつけ、そしてついには、社会は彼らまで扶養できる余力を失う。これは否定しがたい事実である。若者は親元から押し出され、新しい土地を探して、自分が幸せになれる場所を自分の剣で獲得するよう教えられる。「世界は広く、どこへ行こうと自由だ」。現在の貧苦にいらだち、明るい未来に胸をふくらませ、大胆な冒険心に駆りたてられた、こうした恐れを知らぬ冒険者たちは、自分たちに逆らうひとびとにとって恐るべき敵となりがちであった。襲われた国々の穏和な住民たちは、強力な動機によって行動する連中のエネルギーに長く持ちこたえられるはずがない。また、遊牧民が似たような部族に出会うと、両者のぶつかりあいは生存のための闘争となった。敗北の罰は死、勝利の賞は生、という消去法のゆえに、彼らは死にものぐるいで闘った。

　こうした野蛮な争いによって、多くの部族が絶滅したにちがいない。また、生活の過酷さや飢餓によって滅びた部族もあるだろう。残った部族は、指導者が彼らを幸運の方角に向かわせたおかげで強大になり、そして、さらに肥沃《ひよく》な土地を探すために若い冒険者たちを送り出した。土地と食物をもとめる永遠の闘争によって、莫大な数の人命が浪費された。人口は、たえず移住するという慣習からあるていど自由になって、強い増加力を発揮したものの、それでもこの浪費を補えなかった。

　南方に移動した部族は、うちつづく戦闘に勝利して肥沃な土地を獲得したが、食糧が増えたおかげで人口もパワーも急速に拡大した。ついには、中国の国境からバルト海沿岸まですべての土地が、さまざまの人種の蛮族であふれるようになった。彼らは勇敢で、屈強で、冒険心にとみ、苦労を苦にせず、戦争を楽しんだ。独立を維持した部族もあれば、別の蛮族の族長の旗の下に加わる部族もあった。これらの族長はつぎつぎと戦に連勝し、そしてここが重要な点だが、彼らを穀物やワインやオリーブ油が豊富にとれる土地に導いてくれた。じっさい、それこそが長年切望されていた当の物であり、労苦にたいする最上の報酬だったのである。アラリック［西ゴート族の王］、アッティラ［フン族の王］、チンギス・ハンなどの族長は、栄光のため、世界征服という名声のために戦っているつもりだったかもしれない。しかし、北方からの民族大移動の潮流を発生させた真の原因、大移動がときには中国、ペルシア、イタリア、エジプトにおよぶまで続いた真の原因は、食物の不足である。人口がその生存をささえる手段よりも増えてしまったことである。

いつの時代でも、絶対的な人口は、住んでいる土地がところどころ不毛だったりするので、土地の拡がりに比例して大きくなることはありえない。しかし、人間がきわめて急速に入れ替わったことはある。戦争や飢饉という大鎌によってなぎ倒されても、ほかの人間が前よりも多人数であらわれ、その場がすばやくうめられる。近代では将来の不安ゆえに当然なされる人口抑制も、先々のことを考えない無謀な野蛮人のあいだでは、おそらくほとんどなされまい。居場所を変えれば生活がよくなるという通念、行き先で略奪すればよいという常識、いよいよ困れば子どもを奴隷として売ってしまう権力、そのうえに野蛮人の生来のいい加減さが加わると、人口はどんどん増えていく。それは結局は、飢饉あるいは戦争によって抑制されるしかないのである。

生活に不平等があれば生じ、そして遊牧民族のあいだではすぐに生じることだが、食糧不足による苦難はその社会のもっとも恵まれないひとびとに、もっとも過酷にふりかかる。この苦難はまた女性たちがしばしば感じるものに違いない。女性たちは、夫が不在のときに略奪にあう危険にさらされ、また、夫が戻ってくるという期待をたえず裏切られるからである。

しかし、こうした遊牧民族について詳細で具体的な歴史を知らないので、食物の不足による苦難が社会のどの部分にふりかかったのか、またそれはどの程度ひろく感じとられていたのか、正確に指摘することはできない。それでも、われわれがもつ遊牧民族にかんするすべての知識にもとづいて、つぎのことは言ってもさしつかえないだろうと思う。すなわち、移住あるいはその他なんらかの原因により、食糧が増大したときには必ず彼らの人口も増大したこと、そして、それ以上の人口増加は抑制され、現実の人口は貧困と悪徳によって食糧とバランスがとれるよう保たれたこと、である。

とにかく、彼らのあいだで当たり前だった女性にたいする悪しき慣習は、人口を抑制するものとしていまでも機能している。その他にも、私が思うに、戦争を行うことは悪であり、戦争の結果は悲惨である。そして、食べ物がないことの悲惨さは誰もが知っている。

第四章

文明国の状態――現在のヨーロッパはシーザーの時代より人口が多いかもしれない――人口についての最良の基準――ヒュームが用いた人口推計の基準はおそらく誤っている――ヨーロッパの多くの国における人口の伸びの鈍さ――二つの主要な人口抑制法――そのひとつ、事前予防的な人口抑制をイングランドを例に検討する

人類のつぎの段階、すなわち牧畜と農耕が混じり合った状態は、混合の比率の違いこそあれ、もっとも文明化した国々でもやはり保たれるにちがいない。この状態を、われわれの当面の問題と関連させて検討するさい、われわれは自分の周辺の日常や、じっさいの体験や、だれもが観察できる範囲のできごとを考察のよりどころにしよう。

昔の歴史家の叙述には誇張もあるが、フランス、イングランド、ドイツ、ロシア、ポーランド、スウェーデン、デンマークなど、ヨーロッパの主要な国々の人口が、いずれも前よりはるかに増加していることは、ものごとを深く考える人も疑いをもたない事実である。誇張がなされた理由もはっきりしている。民族が集結して一挙に新天地に向かう場合、人口の少ない民族でも恐ろしい様相を呈するにちがいない。この恐ろしい様相に、さらに一定の間隔でつぎつぎと同様の民族移動が加わるのだ。南方の臆病な国民が恐怖のあまり、北方は絶対に人間であふれていると想像したとしても、さほど驚くに値しまい。しかし現在、この問題をより精密に、より公正に眺めるなら、そういう推定はきわめて不合理である。たとえて言うなら、この国［イングランド］のある男が、いつも路上で出会う家畜の群れはウェールズや北部から連れてこられたものだと知ると、すぐさまウェールズや北部こそ王国全体のうちでもっとも生産的な地域だと結論する、それと同じぐらいバカげている。

ヨーロッパの大部分で人口が前の時代より増えている理由は、住民たちの勤労によりそれらの国々で食糧の生産量が増えたことによる。輸出入をその領域内でおこなえるほど領土が広く、そして贅沢や倹約の習慣が度外れたものでないならば、人口はつねにその土地が生産する食物の量にきちんと比例する。このことはもはや文句なしに議論の前提にしてよいと思う。古代と近代の国々の人口にかんする論争も、問題の国々全体の平均生産量はジュリアス・シーザーの時代よりも今のほうが大きいと確定できるならば、論争はたちまち決着がつくであろう。

中国は世界でもっとも肥沃な国であり、土地のほぼ全体で耕作がおこなわれ、その大部分で作物が毎年二回とれる。しかも、民衆の生活はきわめて質素である。このことが確かなら、中国の人口は巨大であると自信をもって推定できるだろう。そのためにわざわざ下層階級の風俗習慣や早婚の傾向を研究する必要はない。しかし、この研究はきわめて重要であり、中国の下層民の習慣についての詳細な歴史はきわめて有用である。なぜなら、人口増加の抑止はどのようにして行われているかが確かめられるからである。国土がもつ扶養能力以上に人間の数が増加するのを妨げる悪徳とは何か、貧困とは何か。それがわかる。

ヒュームは、古代と近代の国々の人口にかんする論文のなかで、彼自身もいうとおり、原因の研究と事実の研究を混在させている。そこで彼が言及した原因のいくつかは、古代の国々のじっさいの人口がどれほどなのかを判断するのにほとんど役立っていない。いつもの深い洞察力をもってしても、そのことはわからないらしい。もし彼が言及した原因から何らかの結論をひきだせるとしたら、それはヒュームの結論とは正反対のものとなるだろう。他の誰より、ものごとの外見にあざむかれることのない立派な人物に反対するのであるから、私はほんとうに恐縮しながらも、そう言わざるをえないのである。

まず、こう仮定しよう。古代史のある時期、家族をもつことがおおいに奨励された。したがって、早婚が非常に普及していた。そして、独身のままでいる者はきわめて少なかった。これを前提とすれば私は自信をもって、人口は急速に増加したと推理する。つまり、じっさいの人口はけっして多くなかった。むしろ逆に、当時の人口は少なく、もっと多くの人口を養えるだけの土地と食物があった。そう推理する。

さて、別の仮定をたてよう。この時期、家族を養うのはとても困難であった。したがって、早婚はほとんどなかった。男女ともに多数が独身のままでいた。これを前提とすれば私はやはり自信をもって、人口は停滞していたと推理する。じっさいの人口は土地の豊かさに比べてきわめて多く、土地も食物もそれ以上の人口を養える余裕がなかったと推理する。

近代においても、下男や下女その他、多くの人間が未婚のままにとどまっている。ヒュームはこれを近代の人口増加にたいする反証と見なす。私の考えはむしろ反対で、これを人口があふれている証拠と見なしたい。もちろん、私の推論は確かなものではない。住民は少ないのに人口増加が停滞している国はたくさんあるからである。したがって、正確にはこう言うべきであろう。同じ国あるいは別々の国の、さまざまの時期において、未婚者の数を全人口と比べることは、その時期の人口が増えているのか、停滞しているのか、それとも減少しているのか、その判定を可能にする。だが、それはけっしてじっさいの人口を確定する基準にはならない。

さて、中国にかんする文章の多くに、ひとつの注目すべきことがらが書かれている。それを読むと先の推論との折り合いがむずかしく思えてくる。それは、中国人のすべての階層をとおして早婚がきわめて一般的に行われている、というものである。一方、アダム・スミス博士によれば、中国の人口は停滞的である。この二つのことがらは調和しがたいものに見える。中国の人口が急速に増えているなどということは、たしかに、ほとんどありえない。すべての土地はずっと昔から耕作されているので、その平均生産量に年々多大な追加がなされるとはとても考えられない。おそらく、早婚の普及は十分に確かな事実ではないかもしれない。もし、それが本当に事実だとしたら、われわれがこの問題について現在もっている知識で、この難問を説明する方法はひとつしかない。早婚の普及が必然的に生じさせた余剰人口は、ときどき起こる飢饉と、捨て子の慣習によって抑制されているにちがいない。困窮のさいの捨て子は、たぶんヨーロッパ人に認められるもの以上に頻繁であったろう。この野蛮な慣行にかんして、どうしても一言述べたい。すなわち、人間精神のもっとも自然な徳義にそむくこうした習慣が存在することこそ、食物の欠乏が人間をどれほど追い詰めるものなのかを示す最強の証拠なのである。捨て子は、古代の諸民族のあいだでごく一般的であったように思われるし、たしかに、それはむしろ人口を増加させることにつながった。

近代ヨーロッパの主要な国々を調べると、つぎのことがわかる。牧畜民族となって以来、人口はかなり増大したとはいえ、今日でもその伸びはゆるやかなものにすぎず、二十五年ごとに倍増するどころか、二倍になるには三、四百年あるいはそれ以上を要するのである。じっさい、いくつかの国は絶対的に停滞し、その他の国は後退さえしているようである。この人口の伸びの鈍さは、男女間の性欲が弱まったことに原因があるわけではなさそうだ。男女の自然な性向はいまなお衰えることなく力強く存在しているし、われわれがそう思う根拠も十分にある。

では、なぜその結果が人類の急速な増大として現れないのか。ヨーロッパの一国を例にとるが、その観察結果はすべての国にかんしても等しく役立つだろう。さて、その一国の社会状態を詳細に検討すれば、われわれはこの問いにたいする答えがえられるだろうし、さらにつぎのことも言えるだろう。家族を扶養するのがむずかしそうだと予見できることが、事前予防的な抑制として機能する。下層階級の一部は子どもたちにきちんとした食べ物も世話もあたえられず、そうしたじっさいの生活苦が、人口の自然増にたいする積極的な抑制として機能する。

例としてとりあげるなら、ヨーロッパでもっとも栄えている国のひとつであるイングランドが適していそうだ。その考察は、人口増がゆるやかな他の国々についても、ほとんどそのままあてはまるだろう。

事前予防的な抑制は、イングランドのすべての社会階層において、ある程度機能しているようである。きわめて高い階層においてさえ、結婚をしたがらない男たちがいる。家族をもてば、あれこれの出費を節約しなければならず、あれこれの楽しげな快楽をみずから放棄しなければならないと思うからだ。たしかに、これはつまらない考え方である。しかし、こうした予防的な先読みは、下の階層にいけばいくほど重要なテーマと化す。

教養はあるが、収入は紳士階級レベルの社交がぎりぎり可能な程度の男は、もし結婚して家族をもてば、この社会における自分の位置はどうしても並みの農場経営者か下層の商人のレベルに下落せざるをえない、と絶対そう予感するはずだ。教育のある男が当然に選択の対象とするのは、自分と同じ趣味とセンスをもつように育てられた女だろう。しかし、彼女が結婚によって落ち込まざるをえない世界は、彼女がそれまで慣れ親しんだ社交の世界とまったく異なる。はたして男は、自分の愛の対象者を、彼女の趣味やセンスとおそらく合致しない境遇に引き込んでもよいと思うだろうか。社会の階段を二、三段おりれば、とくにそのあたりは教育がなく無教養が幅をきかせはじめるレベルである。一般のひとびとはそれを、非現実的な空想上の不幸でなく、現実的で根本的な不幸だと考えるだろう。望ましい社交というのは、たしかに自由で平等で、利益を受けたら同じ分だけ供与する互恵的なものでなければならない。つまり、それは下僕と主人、貧乏人と金持ちの関係のようなものではない。

この生活レベルの人間の大多数はそういう考え方をすることで、あきらかに早婚への傾斜を抑制している。少数の者は、性欲が強すぎて、あるいは判断力が弱すぎて、そうした抑制を踏みはずす。道徳的な愛として性欲を満たせる幸せも、結婚に伴う弊害に及ばないことがあるのは、ほんとうに気の毒である。こうした結婚のごく一般の帰結をみれば、結婚は慎重にしないと大変だという不吉な予感は軽んずべきでなく、むしろそのほうが正しい。残念ながら、そういわざるをえない。


商人や農場経営者の息子たちは、自分で商売や農場を営んで家族を養えるようになるまでは結婚するなと言われているし、本人たちもほぼ全員その忠告にしたがう必要を認めている。彼らの結婚は、おそらく人生のずいぶん先のことになるだろう。なにしろ農場の不足はイングランドで一般的な悩みである。また、あらゆる商売で競争が激しく、全員が成功するのはありえない。

労働者で一日十八ペンスかせぐ者は、独身だとそこそこ暮らせる。しかし、せいぜい一人分のわずかな収入を四、五人で分けるとなると彼もいささかためらうだろう。愛する女性と一緒に暮らすためなら、どんな食事、どんな仕事も我慢するが、よく考えればどうしてもつぎのことを意識しないわけにはいかない。大きな家族をかかえて、なんらかの不幸に見舞われた場合、どんなに倹約しても、どんなに体力をふりしぼっても、わが子を餓死させたり、自立ができず教区の施しに頼らざるをえなかったり、心がはりさける思いをしないわけにはいくまい。誰にも頼らずに生きたいという独立心は、たしかに人の胸中から消えてほしくない感情である。しかし、はっきり言って、イギリスの教区救貧法はこの感情をしだいに弱め、ついにはすっかり根絶させる、もっともよくできたシステムなのだ。

紳士階級のお屋敷に住み込みで働く召使いたちは、抑制がいっそう強く、あえて結婚しようとすればそれを突き破らねばならない。彼らはほとんど主人と同じ程度の生活必需品、さらには生活便宜品さえ持っている。労働者階級に比べると、仕事は楽だし、食事も豪華だ。感情を害されたら主人を替えることができる。そういう力があると思っているので、従属意識はそのぶん弱い。現在こうした安楽な境遇にいる者にとって、結婚後の将来の見通しはどうであろうか。商売についても農場経営についても、知識も資本もない。日々の労働で生活の糧を得ることに慣れておらず、したがってそれもできない。結局は、みすぼらしい居酒屋に逃げ込むしかない。楽しい夕べを過ごすという素敵な期待など抱けるはずがない。だから、大半の者は将来の自分たちのさえない姿を思って踏みとどまり、ずっと今のまま独身でいることに満足する。

以上、イングランドの社会状態についてスケッチしてきた。もしそれが真実に近いものであれば、私が思うにこれは誇張でなく、この国における事前予防的な人口抑制は、程度の差こそあれ社会のすべての階層で行われている、と言ってもよいだろう。同じようなことがらは、古い国のどこでも観察される。じっさい、結婚にたいする抑制の結果、世界中のほとんどいたるところで、悪徳が必然的に生じている。そして、この悪徳のせいで、男女ともどもに抜けがたい不幸のなかにたえず巻き込まれていく。これはきわめて顕著な現象である。

第五章

第二の人口抑制、すなわち、積極的な抑制をイングランドで検証――イングランドで貧乏人のために徴収された巨額の金が、貧乏人の生活を改善しない真の原因――救貧法が本来の目的からそれていく強力な傾向――一時しのぎながら貧乏人の困窮を緩和する策の提言――窮乏化の圧力を下層階級から完全に除去することは、人間の本性の不変の法則により、絶対に不可能である――人口抑制の全体は、貧困と悪徳にわけられる

人口の積極的な抑制とは、私の定義によれば、すでに始まった人口の増加をおさえつけることである。それが行われるのは、社会の最下層だけとはいわないが、主として最下層に限られる。

この抑制は、私が先に述べたもうひとつの抑制ほど一般には明らかではない。また、その働きの強さや範囲を明確に示すためには、おそらくわれわれが今もっているデータだけでは足りないだろう。

しかし、毎年の子どもの死亡者数に注意している方なら、ほぼみなさんお気づきのことだと思う。死んだ子どもの大半は、きちんとした食事も世話も与えられない家庭の子どもたちなのである。その家族はときおり過酷な困窮にさらされ、またおそらく不健康な住居とつらい労働にしばりつけられていると思われる。

貧民の子どもの死亡率の高さは、すべての都市でつねに見られる。農村での死亡率は、たしかにそれほどではない。しかし、この問題はこれまで十分注目されてこなかったが、農村でも、貧民の子どもの死亡率が中流および上流階級のそれより高くないとはいえないのである。じっさい、六人の子どもをもちながら、ときとしてその日のパンにも事欠く農場労働者の妻が、子どもの生命をささえるのに必要な食べ物とケアをつねに与えることができるとは想像しがたい。

農場労働者の息子や娘の実生活の姿は、物語で描かれるようなバラ色の天使ではない。農村でながく生活している人なら誰でも知っていることだが、農場労働者の息子はきわめてしばしば発育を阻害され、成人になるまでかなり時間がかかる。あなたが十四か十五歳だろうと推定した少年に、年齢をたずねると十八だったり十九歳だったりすることがよくある。鋤《すき》を振るうのはたしかに健康的な運動にはちがいないが、それをしている若者を見ると、ふくらはぎの肉付きがよい者はきわめてまれである。それは適切な栄養もしくは十分な栄養が足りないからとしか考えられない。

庶民がしばしばおちいる困窮から彼らを救済するために、イングランドでは救貧法が制定された。たしかにそれは個人の不幸を多少は緩和したかもしれない。しかし、それは一般的な弊害をさらに広くばらまいてしまった。まさに憂うべきことである。

イギリスでは貧乏人のために毎年巨額の金が徴収されているにもかかわらず、貧乏人はあいかわらず生活に苦しんでいる。この話は、ひとびとが挨拶がわりにもちだし、かならず驚いた話だと言ってしめくくる話題である。その金はだれかが着服していると考える者もいれば、地区委員と貧民監督官がその大部分を晩餐に消費していると考える者もいる。とにかく管理がきわめてずさんという点で全員の意見が一致する。要するに、毎年貧乏人のためにおよそ三百万ポンドが徴収されながら、貧乏人の困窮はなくならない。この事実にひとびとはいつも驚くのだ。しかし、ものごとを多少深く、その裏面まで見る人にとっては、事実が観察と異なっていれば、そのほうがはるかに驚きだろう。あるいは国民からの徴収金を収入一ポンド〔＝二十シリング〕あたり四シリングでなく十八シリングにすると事態が変わるなら、そのほうがよほど驚きだろう。以下、具体例でその意味を説明しよう。

一日の稼ぎが十八ペンス〔＝一シリング六ペンス〕だったのが、金持ちの寄付によって五シリングに増えたと仮定しよう。おかげで労働者の暮らしは楽になり、毎日夕食に肉が食べられるようになる、と想像されるかもしれない。しかし、これはまったく誤った結論である。すべての労働者に、一日、三シリング六ペンスを渡しても、この国の肉の量がその分だけ増えるわけではない。現在でも全員がごちそうにありつけるほど十分な量がない。では、その結果どうなるか。肉市場で買い手のあいだの競争が起こり、肉一ポンドあたり六、七ペンスだった価格が二、三シリングに急騰する。そして、この商品は現在の分配先より多くの人の手に渡ることはないであろう。商品が品薄で、全員に分配することができない場合には、もっとも有効な特許証を提示した者、すなわち、貨幣をもっとも多く出せる者が、その所有者となる。肉市場での買い手の競争が長く続いて、もっと多数の牛が毎年飼育されるようになることも想像できるが、それはただそのかわりに穀物が犠牲になるだけの、きわめて不利な入れ換えである。なぜなら、周知のとおり、そうすると国は前と同じ人口を養えなくなる。また、人口に比べて食糧がきわめて少ない場合には、社会の最下層の人間の所持金が十八ペンスなのか五シリングなのかは、ほとんど意味がない。いずれにせよ彼らは、生活をきりつめ、そしてぎりぎりの量の食物で生きていくしかないのである。

あらゆる商品で購買者の数が増えれば、生産事業が刺激され、この島の総生産も上昇させるであろう、とも言われる。それはある程度あたっているかもしれない。しかし、この空想上の富は人口増加にも拍車をかけるので、結果はせいぜい相殺《そうさい》どまりだろう。生産物が増大しても、それはそれ以上に増大している人口のあいだで分配されなければならない。私はここで、労働の量は以前とずっと同一のままだ、と想定している。しかし、じっさいにはそれはありえない。受け取る金が一日に十八ペンスから五シリングになれば、誰でも自分はその分だけ金持ちになったと思い、数時間あるいは数日、遊んで暮らせると考えるだろう。そういう考えが、生産的な勤労に直接強いブレーキをかける。そして短時間のうちに、その国が貧しくなるばかりでなく、下層階級自身が、一日十八ペンスしかもらえなかったときよりも、はるかに困窮するであろう。

金持ちから一ポンドあたり十八シリング徴収することは、たとえそれがいかにきちんと配分されようとも、やはり私が先ほど示した想定の結果とほとんど同じ効果しかないだろう。金持ちが、とくに貨幣によって、可能なかぎりの貢献をし犠牲を払っても、社会の下層にいるひとびとのあいだで困窮が再発するのはいささかも防ぐことができない。たしかに、大きな変化が生じることはありうる。金持ちが貧乏人に、貧乏人が金持ちになるかもしれない。しかし、それでも社会の一部分はかならず生活苦を味わわねばならないし、そして、その苦しみは当然ながら、もっとも恵まれないひとびとにふりかかるであろう。

貨幣によって貧しい人を上に引き上げ、以前よりもよい生活ができるようにするのは、同じ階級の別のひとびとをその分だけ下に押し下げることによってのみ可能となる。一見奇妙に思われるかもしれないが、私はこれが真実だと思う。

私が自分の家で消費される食べ物の量を減らし、その減らした分を貧しい人に与える場合、私は私自身と私の家族以外のだれも損させずに、彼に利益を与えられる。しかも、私や家族はそういうことに平気でいられる。また、私が未耕地を開墾し、その生産物を貧しい人に与える場合、私は彼および社会全体のどちらにも利益を与えられる。なぜなら、彼が以前に消費していた分は、おそらくまた余分の生産物とともに、社会のストックとなるからである。しかし、私が貧しい人に貨幣を与えるだけの場合、国の生産物の量が一定だとすれば、私は彼に以前より大きい分け前を得る権利を与えたのである。そして、その分け前は、ほかの人の分け前を減らすことによってのみ得られる。たしかに、こうした結果は、個人個人のケースでは、まったく感知されないほど小さいにちがいない。しかし、それでもそれは存在するのである。空中に生息するある種の虫のように、その他にも、われわれの粗末な知覚ではとらえられないものは多い。

食糧の量がどの国でも長年にわたって同一のままだと仮定すれば、この食糧は各人が提示する特許証*の額面におうじて、すなわち誰もが求めるこの商品に彼が支出できる貨幣の額におうじて、分配されるはずである。したがって、一部のひとびとの特許証の価値の増大が、他のひとびとの特許証の価値の減少を伴わざるをえないことは、明白な真理である。金持ちが自分の食事をいっさい削らないまま、お金を寄付して、五十万人に一日五シリング与えると仮定しよう。その場合の結果も明白である。この五十万人は当然もっと安楽に暮らし、もっと多くの食糧を消費するであろう。すると、その他のひとびとのあいだで分配される残りの食糧はその分だけ少なくなる。その結果、各人の特許証の価値は減少する。すなわち、同じ枚数の銀貨で買える食糧の量は減少する。

＊ ゴドウィン氏は、人が先祖から受け継いだ富をかびくさい特許証と呼ぶ。特許証という呼び方については私も適切だと思うが、しかし、それはずっと日常的に用いられているものであるから、かびくさいという形容は適当と思えない。

人口の増加がそれに見合う食糧の増加を伴わずに進めば、各人の特許証の価値を減少させるのと、明らかに同じことになる。分配される食糧は必然的に量が少なくならざるをえず、したがって、一日の労働で買える食品の量も少なくなる。食品価格の高騰が起きる。それは、人口増加の速度が食糧の増加を上回るせいか、もしくは、社会における貨幣の配分の変化のせいである。昔から人のいる地方の食糧は、増加するとしても、ゆったりと規則的にしか増えず、突然の需要には応えることができない。一方、社会における貨幣の配分に変動が生じるのは稀《まれ》なことではなく、それが食品価格にみられる連続的な変動をひきおこす原因になっていることは疑いない。

イングランドの救貧法は、つぎの二つの傾向を生んで、貧乏人の全体的な生活環境を悪化させるものである。

第一の明らかな傾向は、人口をささえる食糧を増加させないまま人口を増やしてしまうことである。貧乏人は、独立して家族を扶養できるという見通しを、ほとんど、あるいはまったくもたないまま結婚してよいことになる。したがって、救貧法は救貧法をささえとする貧乏人をつくりだすとも言える。この国の食糧は、人口増加の結果、どうしても全員に少しずつしか分配されなくなるので、教区の援助を受けないひとびとは、働いても前よりわずかの食糧しか買えなくなる。したがって、ますます多くのひとびとが援助を求めてくるようになる。

第二に、ワークハウス［強制労働所］は社会の有益な構成部分とは一般に考えられない者たちを収容する施設だが、そこにおいて消費される食糧の量は、もっと勤勉で、もっと価値のあるひとびとに渡るべき割り前を、その分だけ減らしてしまう。その結果、同様にして、ますます多くのひとびとから独立心が失われていく。ワークハウスのなかにいる貧乏人の暮らしが今より良くなるということは、社会における貨幣の配分があらためられるということであり、それは食品価格の高騰をひきおこす。すると、ワークハウスの外にいるひとびとの生活はさらに苦しくなる。そういう傾向がますます顕著になるであろう。

イングランドでは、幸い、独立の精神が農場経営者のあいだにまだ残っている。救貧法は何よりもこの精神の根絶を意図したものである。それは部分的に成功しているが、期待どおりに完全に成功したのであれば、その有害な傾向はもっと早く露呈したことだろう。

個々のケースでは厳しい言い方になるかもしれないが、人に依存せざるをえないような貧困は恥と考えるべきである。こうした厳しさこそが、人類の大多数の幸福を促進するためには絶対に必要である。この厳しさを弱めるような全体的な試みはすべて、たとえその意図が見るからに善意であろうと、かならず失敗するであろう。独立して家族を養える見込みがほとんど、あるいはまったくないのに、教区での食糧配給をあてにして結婚する気になっている男たちがいる。彼らは不届きにも、自分自身と子どもたちに不幸と依存心をもたらすばかりでなく、無自覚のうちに、彼らの階級全体に害をおよぼす。家族を扶養することもできないのに結婚する労働者は、ある意味、彼の労働者仲間全体の敵であると考えてよい。

イングランドの教区救貧法は、食料品の価格を高騰させ、労働の実質賃金を下落させた。私はこのことを少しも疑わない。救貧法は、したがって、労働のみで生きる民衆をさらに貧しくしただけだ。貧乏人におなじみの注意力不足と倹約心の欠如は、小商人や小規模農場経営者の一般的な気質とは正反対のものであるが、救貧法はこれも助長すると考えられる。俗な言い方をすれば、貧しい労働者はつねにその日暮らしの生活をしている。いま必要なもののことで頭のなかはいっぱいで、将来のことはめったに考えない。貯蓄の機会があっても、めったに実行しない。いまの必要を満たしての残余は、すべて居酒屋で消えるのが普通だ。だから、イングランドの救貧法は、庶民から貯蓄の力と意欲の双方を弱め、酒を控えてまじめに働こうという気持ち、つまり幸せになろうとする強い気持ちをなえさせるものだと言ってよい。

賃金を上げると労働者はかならず堕落する、と工場主たちはそろって文句を言う。しかし、労働者は事故にあっても教区の援助に頼らないことになっていれば、労働者はその高い賃金を飲酒や遊興に費やすのでなく、将来の家族の生活のため一部を貯蓄にまわすだろう。むしろそうしないことのほうが考えにくい。工場で働く貧乏人は教区の援助をどう考えているかというと、彼らはそれを、稼いだ賃金を全部つかって遊べるだけ遊んでよい理由にしている。このことは、大きな工場が倒産したときに教区にかけこむ家族が多いことから明らかだと思われる。しかし、この工場が繁盛しているとき、そこの賃金はふつうの農村労働者の賃金をかなり上回っており、倒産後に別の働き口がみつかるまで家族を養うに足る貯蓄もできたはずである。

自分が死んだり病気になったら妻子を教区にあずけねばならない、と思っても、居酒屋通いをやめられない男がいる。しかし、もしそんな場合、家族は飢え死にするか路頭に迷うしかないと思うならば、そんな男でも稼ぎを浪費するのをためらうかもしれない。中国では、労働の名目賃金だけでなく実質賃金もきわめて低いのだが、年老いて体が不自由になった両親の扶養は息子の義務であると法が定めている。こういう法律をわが国もとりいれるべきだろうか。私はそこまで言うつもりはない。しかし、貧しければ社会に依存するのが当然だとする積極的な制度によって、人間がもっともまっとうに生きるために備えておくべき恥の感情が弱まっていくのは、どう見ても大きな間違いだと思われる。

怠惰や浪費にたいする強力な抑制がこうして取り除かれたとき、また、男が独立して家族を養える見通しがなくても結婚したくなるとき、庶民のあいだの幸福の量は減少せざるをえない。たしかに、ふつう結婚にいたる途中での障害はすべて不幸なことと考えられている。しかし、人間性の法則により、人口増加には何らかの抑制がかならず存在するはずであるから、はじめ人口増加を奨励して、後には飢餓や病気でしか抑止できなくなるよりも、あらかじめ家族を養うむずかしさを見通し、貧しさゆえに人に頼らざるをえなくなることを恐れて、抑制がなされるほうがよい。

食糧と、原材料が豊富な種々の加工品とのあいだには、根本的な違いがあることにかならず注意してほしい。後者の需要は、まちがいなく必要とされる分の生産をもたらす。しかし、食糧の需要はそれと同じような生産力をけっしてもたない。

肥沃な土地はすべて占有されている国において、農場経営者が数年間は収益を期待できない土地に肥料をやり続けるには、高額の奨励金が必要である。それでも、こうした農業経営を励まして余りある収益が見込めるようになる前に、また、新しい生産物の収穫前に、早くも食糧が不足して大きな困窮が発生するかもしれない。食糧増産の要求は、ほとんど例外なくつねにどこでも見られるものだが、周知のとおり、ながらく人が住んでいる国では、この需要への対応はどこでもきわめてゆっくりにしかなされない。

イングランドの救貧法がりっぱな善意にもとづいて制定されたことは疑いないが、その意図は成功しなかった。そう思えるだけのりっぱな根拠がある。たしかに救貧法は、それがなければ生じたかもしれない過酷な窮状をやわらげてもいる。しかし、教区で扶養されている貧乏人の状態は、あらゆる事情を勘案しても、悲惨さから解放されているとはとても言いがたい。

一方、救貧法にたいする主な反対論のひとつはこうだ。すなわち、貧乏人がうけとる援助はそれ自体効果が疑わしい上に、イングランドの庶民階級全体を、不愉快で不便で専制的な法律に服従させるものである。そもそもこの法律は、わが国を成り立たせている真の精神にまったくそぐわない。救貧施設の事業全体が、いまはやや改善されたとはいえ、あらゆる自由の観念と完全に相反する。

家族が援助の対象になりそうな男たち、そして出産が近い貧しい妊婦たちを、教区が追い払おうとするのは、たいへん恥ずかしく嫌悪すべき暴虐である。そして、救貧法はことあるごとに労働市場をかき乱し、扶助なしで生きていこうとがんばっているひとびとに、さらなる苦難をあたえ続ける傾向をもつ。

救貧法に伴うこうした弊害は、ほとんど解消不能である。もし扶助を民衆の間で配分するとなると、その対象を分別し、その制度の必要業務を管理する権力がどこかに与えられねばならない。しかし、他人のことがらに強引に干渉するのはすべて一種の専制である。そして、ものごとの普通の流れにしたがえば、この権力は、扶助を求めざるをえなくなったひとびとからも嫌悪されるようになると予想される。治安判事、教区の委員および貧民監督官の専横ぶりは、貧乏人が一様におぼえる不満であるが、あやまちはこれらのひとびとにあるのではない。彼らも権力につく前は、おそらく普通の人より悪人だったわけではない。あやまちは、こうした制度全体の性質にある。

救貧法の弊害は、おそらくもはや解消不能なレベルに達している。それにつけて思うに、もし救貧法が存在しなかったら、たしかにきわめて厳しい困窮の事例がいまより少し多く見られたかもしれないけれども、庶民のあいだの幸福の総量はいまよりはるかに大きかっただろう。私は自分の心中でそう確信している。

ピット氏が提出した救貧法案は、善意によって構成されたという外観をもつ。そして、それにたいする騒々しい反対論は、多くの点で的が外れ、筋も通らない。しかし、その救貧法案は、その種のシステムがかならずかかえる大きな根本的欠陥を、高度のレベルで保持していることは認められねばなるまい。すなわち、それは人口をその扶養手段を増やすことなしに増加させ、その結果、教区の扶助をうけないひとびとの生活を悪化させ、したがってまた、ますます多くの貧乏人をつくりだしてしまうのである。

社会の下層階級の困窮をなくすことは、じつに困難な事業である。ほんとうのところ、この階層のひとびとの上にのしかかる苦難は、社会の深部に根ざした害悪であるから、人間のアイデアでどうなるものでもない。私が一時しのぎの策を提案するとすれば、というか、ことがらの性質上、われわれにできることはすべて一時しのぎでしかないのだが、それはまず第一に、現在の教区救貧法を完全に撤廃することである。それはとにかくイングランドの農場労働者に移動の自由、活動の自由を与えるだろう。彼らにいまそうした自由があるとはとても言えない。撤廃後、彼らはもっと仕事がありそうなところ、もっと賃金が高そうなところへ、何の妨げもなく移住できるようになるだろう。労働市場は自由となり、現在存在する種々の障害、すなわち、賃金がその需要におうじて上昇するのをしばしば長期にわたって妨げている障害が除去されるであろう。

第二に、新しい土地の開墾に報奨金を与え、製造業よりも農業を、牧畜よりも農耕をできるかぎり奨励したい。農業の労働が商工業の労働より給与が低いのは同業組合や徒弟制度などのせいであるから、これに関連するすべての制度を弱体化させ破壊するために、あらゆる努力を傾けるべきである。職人に有利なそういう差別が存在するかぎり、国はその規模に見合う量の食糧を生産することができない。農業を奨励することは、健康な労働がますますたくさん市場に供給されるようにするし、しかも同時に、その国の生産を増大させて、労働の相対価格を上昇させ、労働者の生活をよくするであろう。労働者は、生活がよくなれば、教区の扶助にたよる考えもなくなり、自分や家族の病気にそなえて共済組織に入ろうとするし、入る力も持てるようになるだろう。

最後に、極度の困窮者のためには、州ごとにワークハウスを設立するのがよい。それは王国の全土で地方税によって維持され、どこの州民でも、またじっさいには国民なら誰でも無料で入れる。ただし、食事は粗末でなければならず、働ける者は働かねばならない。そこはあらゆる難儀からまぬがれられる居心地のいい施設ではなく、ただ大変な困窮がいくらか緩和される場所にすぎないと考えてほしい。このハウスは、しばしば注目されるようになったきわめて有益な目的のために、区分けされるか、あるいは別の棟が建てられる。そこは地元民であろうとよそ者であろうと、誰もがいつでも一日の仕事をして、その市場価格で報酬がもらえる場所である。もちろん、個人の慈善活動にゆだねられるケースも多いだろう。

こうした計画は、現在の教区救貧法の完全撤廃を最初の足がかりに、イングランドの庶民の幸福の総量を増進する最善の策だと思われる。貧困の再発を防ぐことは、ああ、残念ながら、人間の力ではいかんともしがたい。ものごとの性質上不可能なことを、それでもなしとげようとむなしい努力をして、われわれはいま、可能な利益だけでなく、たしかな利益をも犠牲にしているのである。われわれは庶民にむかって、専制的な法規にしたがっていればけっして困窮しない、と告げる。彼らはこの法規にしたがう。つまり、彼らのほうは契約を履行するが、われわれのほうは履行しない。いや、履行できないのである。こうして、貧乏人は自由という貴重な恵みを犠牲にしながら、そのかわりに、その等価物といえるようなものは何も受け取らない。

そこで、イングランドでは救貧法の制度にもかかわらず、都市と農村の下層階級の状態を見れば、彼らは適切で十分な量の食糧がえられず、過酷な労働と不健康な住宅に苦しんでいる。私が思うに、この困窮こそ、人口増加の初期段階での抑制としてつねに機能していると考えてよいだろう。

人口増加にたいして、私が事前予防的な抑制および積極的な抑制と呼んだ、二つの主要な抑制のほかに、人間がながく住んでいる国々では、さらにさまざまなものが加わる。すなわち、女性にかんする不道徳な習慣、大きな都市、不健康な製造業、奢侈《しゃし》、ペストのような伝染病、そして戦争である。

これらの抑制の全体は、貧困と悪徳にわけることもできるだろう。とにかく、近代ヨーロッパのすべての国で、人口の増加がゆるやかなのは、これらの抑制がその真の原因なのである。そのことは、これらの原因がいくぶんか取り除かれると、人口の相対的な急増がかならず起こることによって、十分に明白である。

第六章

新しい植民地——その人口増加が速い理由——北アメリカ植民地——奥地の植民地での人口急増は異例——歴史の古い国においても、戦争、疫病、飢餓、天災による荒廃からの復興は迅速である

空間があり食べ物が豊かな国にできる新たな植民地は、つねに驚くべき勢いで人口を増加させる。これは普遍的に認められる現象だ。古代ギリシアの植民地のいくつかは、短い期間で、人口においても国力においても母国をしのぐほどになった。また、遠い昔の話をくだくだ述べるまでもなく、新世界におけるヨーロッパの植民地は、上記の認識の正しさを十分に証明する。じっさい、私の知るかぎり、その正しさを疑う人はいない。広大で豊かな土地がほとんどあるいはまったく無償で得られることは、人口増加の力強い原因であり、ほかにどんな障害があろうと関係ないほどである。

メキシコ、ペルー、およびキト〔エクアドルの首都〕におけるスペインの植民地ほど、経営がひどいところはなかった。母国の専制政治や迷信や悪徳が、植民地にそのまま大量にもちこまれた。国王により法外な租税が取り立てられた。貿易にはまったく勝手気ままに制限が課せられた。そして、総督たちは本国のためだけでなく、自分自身のために略奪と搾取にいそしんだ。しかし、そうした問題がありながらも、植民地の人口は急速に増大したのである。

リマ〔ペルーの首都〕は征服後に建設された都市であるが、ウリョアが書いた探検記を読めば、いまから約五十年前に人口は五万人になっている。キトはインディアンの小村にすぎなかったのが、これもウリョアによれば、同じ時期にやはり人口は五万人になっている。メキシコの首都は人口十万人になっていたとされる。これは書いたスペイン人の誇張かもしれないが、それでもモンテスマ〔十六世紀のメキシコ王〕の時代より人口は五倍にはなっていたと思われる。

ブラジルのポルトガル植民地も、ほとんど同じような専制下にあったが、三十年でヨーロッパ系の住民が六十万人になったという。

オランダとフランスの植民地は、独占的な商人会社の統治下にある。これは、アダム・スミス博士もきちんと指摘しているとおり、およそ考えられるかぎり最悪の統治形態である。ところが、あらゆる不利な条件のもとでも、それはしっかりと繁栄しつづけている。

さて、イングランドの北アメリカ植民地、現在アメリカ合衆国という強大な国民は、ほかのどこよりも急速に進歩した。この植民地はスペインやポルトガルの植民地と並んで、良い土地をたくさんもっていた上に、そこにはもっと多くの自由と平等があった。外国貿易には多少の制約があったものの、国内の問題の処理については完全に自由であった。そこの政治制度は財産の譲渡と分割に都合がよかった。所有者による耕作が一定期間おこなわれなかった土地は、別人に譲渡されるべしと定められた。ペンシルベニアには長子相続権がなく、ニュー・イングランドの諸州では長子でも分け前は二人分とされた。どの州にも十分の一税［教会への税］はなく、また租税のようなものもほとんどなかった。肥沃な土地でも値段は極端に安かったので、資本は農業に投じるのがもっとも有利であった。そして、農業は健全な仕事をもっともたくさん提供すると同時に、もっとも価値のある生産物をたくさん社会に供給するものなのである。

こういう有利な条件が重なった結果、おそらく歴史に例を見ないほどの勢いで人口が増大した。北部の植民地全体で、人口は二十五年で倍増した。一六四三年、ニュー・イングランドの四州に植民した最初の人口は二万一千二百人であった。* その後、この地は転入者より転出者のほうが多いと思われるのだが、一七六〇年には人口が五十万人に増大している。人口はやはり二十五年ごとに倍増してきたのである。ニュージャージーでは人口倍増の期間は二十二年、ロードアイランドではもっと短いようだ。住民がもっぱら農業に従事し、贅沢を知らない奥地の植民地では、十五年で倍加した例もあるが、これはまずきわめて異例。ふつう最初に植民がなされるのは海岸ぞいの土地で、そこでの人口倍増期間はだいたい三十五年である。また、臨海都市のいくつかでは、人口は完全に停滞している**

* この数字はプライス博士の二巻本『観察記』からの引用である。博士自身の引用元であるスタイルズ博士の小冊子については、未見。

** こうした事例を見ると、土地の力が、人間による食物の需要を十分に満たしているように見える。しかし、そのことから、人口と食糧がつねに同じ比率で増加すると考えるのは、間違いである。人口は等比級数的に、食糧は等差級数的に増加する。すなわち、人口はかけ算で、食糧は足し算で増加するのである。人口が少なくて、肥沃な土地が多いところは、土地の力で食糧の供給が年々増加する。それは、普通の水量の川から水が流れ込んでくる大きな貯水池にたとえられる。人口がどんどん増えれば、水を汲み出す人の数も増え、したがって使われる水の量も年々増える。当然、貯水池はやがて底をつき、川の水だけが残る。肥沃な土地も一エーカー、また一エーカーと占領され、やがて全部が使われるようになると、食糧の毎年の増加は、すでに耕作されている土地の改良にたよることになる。すると、この普通の水量の川でさえ、しだいに流れが細くなっていく。一方、人口は、食糧の供給がなされるかぎり、底知れない力で増加し続ける。そして、一定の期間に増加した分は、そのつぎの期間さらに増加するための力となる。これが際限なく繰り返される。

こうした事実を見れば、人口は、貧困および悪徳という二つの主要な抑制が取り除かれる程度にぴったり比例して、増加する。そして、人口増加の速さは、民衆の幸福と純真を判断するうえでの最適の基準である。あるひとびとは商売のためにどうしても都会に出ざるをえないが、都会の不道徳に染まるのは一種の貧困と考えねばならない。また、家族を養いきれないという思いから、結婚をあきらめる気持ちが少しでもわいたら、それもやはり一種の貧困と考えてよいだろう。要するに、貧困と悪行のいずれにも属さない人口抑制があるとは考えにくい。

独立戦争前のアメリカ十三州の人口は、推計によれば、およそ三百万人であった。少人数の祖先からこれだけの数になったのであるが、彼らが移住したせいで現在のグレート・ブリテンは人口が少ないと考える人はいない。逆である。ある程度の移民は母国の人口増加をうながすことが知られている。とくに注目されるのはスペインの二州だ。そこは多数の人間をアメリカに移住させた後で、さらに人口が増えている。北アメリカ植民地でブリテン移民が最初の少人数からものすごく急増したことはともかくとして、われわれはここでひとつ問いたい。なぜ同じ時期にグレート・ブリテンでは同じような人口増大が生じなかったのか。その主要かつ明瞭な原因は、空間と食物の不足、いいかえれば貧困である。そして、貧困は悪徳よりもはるかに強力な人口抑制の原因である。そのことは、歴史の古い国でも、戦争や疫病や自然災害からは急速に立ち直っていることから、十分明白だろう。それらの国は、しばらくのあいだ、いわばまっさらの状態となり、その後はつねに期待を裏切らない。住民の勤労が恐怖や専制によってくじけたりしないかぎり、生活物資は減少した人口の必要を満たす以上にすぐさま増大するだろう。そして、その当然の結果として、おそらくそれまで停滞していた人口もただちに増加に転ずるだろう。

肥沃なフランダース地方は、しばしば戦場となって破壊されたが、戦争が終わって数年たつと、かならず以前のように実りが豊かになり、人口も多くなった。ライン川上流プファルツの領民は、ルイ十四世によるめちゃくちゃな略奪にあいながらも、ふたたび元気を回復した。一六六六年、ロンドンで恐ろしいペストが流行したが、十五年、二十年たつと、その跡形はどこにも見られない。中国やインドを襲ったすさまじい飢饉の痕跡も、いつの間にかすっかり消えている。トルコやエジプトの人口が平均して少ないのは、はたして疫病が定期的に発生するせいなのかどうか、疑わしい。その人口が昔より今のほうが少ないとすれば、それはおそらく、疫病による損失のせいよりも、民衆を苦しめる暴政と抑圧、およびその結果としての農業の不振のせいであろう。火山の大噴火とか大地震のような天変地異も、それで住民がいなくなったり、住民の勤労精神が消えてしまったりしないかぎり、その国の平均人口にあたえる影響はごくわずかだろう。ナポリとか、ベスビオス火山のふもとの地方は、たびたびの噴火にもかかわらず、人口はあいかわらずとても多い。大地震に見舞われたリスボンやリマも、人口にかんしては、いまでは震災前とほとんど同じ状態になっているようだ。

第七章

伝染病の原因と考えられるもの——ジュースミルヒ氏の統計表の抜粋——周期的な疫病の発生はありうること——短期間の出生と埋葬の比を、その国のじっさいの平均的な人口増加の基準とするのは不適切——長期間の人口増加の最良の基準——きわめて質素な生活が中国やインドで起こった飢饉の一原因——ピット氏が提案した救貧法案の条項の有害な傾向——人口増加を促す唯一の適正な方法——国民の幸福の諸原因——飢饉は、自然が人口過剰を抑制するもっとも恐ろしい最後の手段——確定できたと考えられる三つの命題

みんなが衛生に注意するようになれば、疫病はやがてロンドンから完全に駆除されるだろう。しかし、伝染病の発生と流行をもたらす副次的な原因として、人口の密集

や、健康に悪い食物、そして食物不足というのがあるともいえそうだ。私がこの点に気づいたのは、ジュースミルヒ氏の統計表を見てからである。この表は、プライス博士がイングランドとウェールズの人口にかんする論争の書で、補遺の注に引用している。それはきわめて正確な統計だと考えられるし、もしこのような表が一般的なものならば、人口の抑制方法、どの国であれ人口が食糧以上に増加するのを防ぐ方法をあれこれ考える上で、良いヒントが得られそうだ。以下、この表の一部分をプライス博士の説明とともに抜粋する。

プロシア王国およびリトアニア公国

年　平　均	出生	埋葬	結婚	出生と結婚の比	出生と埋葬の比
一七〇二年までの十年	二一九六三	一四七一八	五九二八	三七対一〇	一五〇対一〇〇
一七一六年までの五年	二一六〇二	一一九八四	四九六八	三七対一〇	一八〇対一〇〇
一七五六年までの五年	二八三九二	一九一五四	五五九九	五〇対一〇	一四八対一〇〇

注意。一七〇九年と一七一〇年には、疫病がこの国の住民二四万七七三三人の命を奪い、一七三六年と一七三七年にも伝染病が発生して、ふたたび人口増加を

妨げた。

右の表では、出生と埋葬の比がいちばん大きいのは、疫病大流行後の五年間であった点に注目されたい。

ポメラニア公国

年平均	出生	埋葬	結婚	出生と結婚の比	出生と埋葬の比
一七〇二年までの六年	六五四〇	四六四七	一八一〇	三六対一〇	一四〇対一〇〇
一七〇八年までの六年	七四五五	四二〇八	一八七五	三九対一〇	一七七対一〇〇
一七二六年までの六年	八四三二	五六二七	二一三一	三九対一〇	一五〇対一〇〇
一七五六年までの四年	一二七六七	九二八一	二九五七	四三対一〇	一三七対一〇〇

この例では、人口は五十六年間でほとんど倍になっている。悪性の伝染病が発生せず、人口の増加を一度も妨げなかったからだ。しかし、最後の時期の直後の三年間（すなわち一七五九年まで）は、病気が流行して、出生は一〇二二九に減少し、埋葬は一五〇六八に増大した。

このケースでは、人口の増加は、彼らの健康な生活に必要な食物や住居の増加よりも速かったのではなかろうか。だとすれば、大衆の生活はますますきびしくなり、ひとつの家に住む人間の数も増えたにちがいない。最後の三年間に病気が流行したのも、当然これが原因でないはずがない。国の人口が絶対的にはそれほど密集してなくとも、同じような原因があれば同じような結果が生ずるであろう。人口がかなり少ない国であっても、人口の増加が食糧の増産や住宅の増築より先に進めば、やはり住民は居住空間と食物のためにいささか苦労しなければならない。かりに、イングランドにおいて、これから八年とか十年のあいだに出生率がこれまでより高くなったり、または結婚数がこれまでより多くなったりしても、住宅の数がずっと同じままならどうなるか。ひとつの家に住む人数が五、六人だったのが、七、八人にならざるをえない。すると、生活難が増すばかりでなく、おそらく一般大衆の健康にとても悪い影響が出るようになるであろう。

ブランデンブルクのノイマルク地方

年平均	出生	埋葬	結婚	出生と結婚の比	出生と埋葬の比
一七〇一年までの五年	五四三三	三四八三	一四三六	三七対一〇	一五五対一〇〇
一七二六年までの五年	七〇一二	四二五四	一七一三	四〇対一〇	一六四対一〇〇
一七五六年までの五年	七九七八	五五六七	一八九一	四二対一〇	一四三対一〇〇

一七三六年から一七四一年にかけての六年間、疫病が流行し、人口増加を抑制した。

マグデブルク公国

年平均	出生	埋葬	結婚	出生と結婚の比	出生と埋葬の比
一七〇二年までの五年	六四三一	四一〇三	一六八一	三八対一〇	一五六対一〇〇
一七一七年までの五年	七五九〇	五三三五	二〇七六	三六対一〇	一四二対一〇〇
一七五六年までの五年	八八五〇	八〇六九	二一九三	四〇対一〇	一〇九対一〇〇

一七三八年、一七四〇年、一七五〇年、および一七五一年は、とくに病気が多かった。

このテーマについてもっと詳しくは、ジュースミルヒ氏の表を参照されたい。しかし、私がここで抜粋したものだけでも十分明らかなように、疫病の流行は規則的ではないにせよ、周期的に起こるものだし、居住空間と食物の不足が疫病流行の主要な原因のひとつだったことはおおいにありうる。

抜粋した表を見れば、これらの国々はたびたび疫病の流行に見舞われながらも、歴史の古い国にしてはむしろ人口増加の勢いがよい。耕作が改良され、またその結果、結婚が奨励されたからである。人口の増加は、事前予防的な抑制ではなく積極的な抑制を受けたようだ。どの国でも食糧生産の増大が見込まれると、人口抑制の重しもある程度取り払われるが、その流れは最初の原因がなくなっても止まらない。もう少し詳しくいえばこうだ。国の食糧生産が増大し、労働にたいする需要も増せば、労働者の暮らしも楽になり、その分だけ結婚がますます奨励される。この早婚の風習は、その国の人口増大が食糧の増大を上回るまで続く。疫病の流行は、その自然で必然的な結果だろう。したがって、私はこう予想する。食糧の増加が人口の増加を促しながら、それで増えた人口の食糧需要を満たすには足りないならば、そういう国は、人口と平均生産量のバランスがとれている国よりも、周期的な疫病の流行に見舞われやすいであろう。

これとは逆の見方もまたおそらく正しい。すなわち、周期的に疫病に見舞われる国で、流行期と流行期の中間における人口の増加は、疫病騒動が少ない国よりも大きい。ここで、人口の増加は出生と埋葬の差で測り、その他の事情は同じものとする。トルコやエジプトで、過去一世紀、平均人口にほとんど変化がないとすれば、そこでの周期的な疫病流行の中間期において出生が埋葬を上回る度合いは、フランスやイングランドに比べて、かなり大きかったにちがいない。

したがって、いずれの国であれ、五年から十年のあいだでの出生と埋葬の平均的な比率を、その国のじっさいの人口増進の判定基準とするのは、まことに不適切である。その比率はたしかに五年とか十年のあいだの増加率を示すが、それ以前の二十年間、あるいは以後の二十年間をそれによって推測することはいっさいできない。プライス博士は、スウェーデン、ノルウェー、ロシア、そしてナポリ王国の人口は急増しているというが、博士が提示した記録は、その事実を確証できるほど長期間のものではない。スウェーデン、ノルウェー、ロシアで人口が増大しているのはおおいにありうる話だが、しかし、プライス博士が提示した短期間における出生と埋葬の比率そのままで増大しているはずがない。*ナポリ王国の場合、一七七七年までの五年間、出生と埋葬の比は一四四対一〇〇であった。しかし、この比率は百年という長期間でのじっさいの比率よりもかなり大きなものだろうと考えられる。

* プライス博士『観察記』第二巻、イングランドとウェールズの人口にかんする論争についての補遺を参照されたい。

ショート博士は、イングランドの多くの村や商業都市の住民記録を、二つの期間で比較している。第一期は、エリザベス女王の時代から前世紀の半ばまで、第二期は、前世紀末から今世紀の半ばまで、である。提示された数値によれば、第一期における出生と埋葬の比は一二四対一〇〇であったのに、第二期のそれは一一〇対一〇〇にすぎない。プライス博士は、この第一期の住民記録は信頼できないと考えているが、しかしこの場合は、不正確な比率ともいえないのではないか。少なくとも、第二期より第一期のほうが出生は埋葬をはるかに上回ると考えてよい。その理由はたくさん挙げられる。どの国であれ、人口が自然に増加する場合、他の事情が同じであれば、＊前の時代のほうが後の時代よりも、質の良い土地が耕作されているだろう。そして、食糧の生産が年々増加すれば、ほとんど必然的にそれに伴って人口も増加する。出生が埋葬を上回るのは、今世紀の半ばごろよりもエリザベス女王治世の末期のほうが大きかったのは、当然それが原因だった。しかし、それに加えて、前の時代には疫病がたびたび流行したことも、出生の比率の上昇をもたらす原因になったと考えざるをえない。かりに、この恐るべき流行のピークとピークのあいだの十年間をとりだして、その平均をとるならば、あるいはまた、疫病が流行した年を例外として除去するならば、出生と埋葬の比は、じっさいの人口増加率の平均より高い数字になるにちがいない。一六六六年の疫病大流行後、数年間は、通常よりも出生が埋葬をはるかに上回っているはずだ。とくにもし、プライス博士がいうとおり、（疫病流行のわずか二十二年後に起こった）名誉革命のとき、イングランドは現在よりはるかに人口が多かったとすれば、ますますはっきりそういえる。

＊ 私が「他の事情が同じであれば」といったのは、国の食糧生産量の増大はひとびとの勤労精神とそれを導く方針にかならず大きく依存するものだからである。

民衆がもつ知識や習慣、そしてその他の一時的な原因、とくに当時の市民がもつ自由と平等の度合いが、そうした精神を鼓舞し、方向づけるうえで、大きく関わった。

キング氏は一六九三年に、ロンドンを除く王国全体の出生と埋葬の比を、一一五対一〇〇だとした。ショート博士は、ロンドンを含めて今世紀半ばのそれを一一一対一〇〇と見ている。フランスの場合は、一七七四年までの五年で、一一七対一〇〇であった。もし、これらの説がいずれも真実に近く、また、特定の時期にこの比が大きく変わるということがなければ、イングランドでもフランスでも、人口の増加はそれぞれの国の食糧の平均生産量にほぼ見合うものであったといえよう。結婚の抑制、その結果生じる悪習、戦争、奢侈、大都市で静かに進行している人口減少、そして過密住宅、多くの貧乏人の食物不足、こういうものが合わさって、人口が食糧以上に増えるのを抑制しているのである。そして、たしかに一見奇妙な表現だが、余分な人口を減らすために疫病が大流行する必要も、そのおかげでなくなるのである。疫病の猛威がイングランドで二百万、フランスで六百万の人命を奪ったりすれば、住民がその恐ろしいショックから立ち直った後には、どちらの国でも埋葬に対する出生の比は現在よりはるかに大きいだろう。それは確実である。

ニュージャージーにおいて、一七四三年までの七年間の平均で、出生と埋葬の比は三〇〇対一〇〇であった。フランスとイングランドにおいては、最高の数値でも一一七対一〇〇である。これは驚くほど大きな違いではあるが、しかし、われわれはそれを天が仕組んだ奇跡のように考えて呆然としてはいけない。その原因はけっしてわれわれに縁遠いものでも、隠されたものでも、神秘的なものでもない。原因はわれわれの周り、われわれの身近なところにあり、探求心のある者にはかならず見えるものなのである。なるほど、石が落下するのも、草木が成長するのも、すべて神の力が直接働いたものと考えることができるし、そういう考え方はもっとも自由な哲学の精神とも合致する。しかし、われわれは、いわゆる自然の働きがほとんどつねに不変の法則にしたがうものであることを、経験をとおして知っている。そして、人口の増減の原因は、われわれが知っている自然の法則と同じくらい、世界が始まって以来ずっと不変のものなのである。

男女間の性欲の強さは、あらゆる時代をつうじてほとんど一定であり、代数の用語でいえばそれは既知数と考えてよいだろう。いずれの国であれ、人口はその国が生産ないし獲得する食物をこえて増加することはできない。これも必然性の大法則である。この法則は誰の目にも明らかであり、理性があればかならずはっきりと理解でき、あらゆる時代の経験によって確認されている。われわれは一瞬たりともそれを疑うことができない。たしかに、人口過剰を予防したり抑制したりする自然のさまざまな営みは、見たところそれほど確実なものでも規則的なものでもないけれども、その現れ方はともかく、その事実の存在そのものは確かだといえる。もし数年間の出生と死亡の比が、その国が産出ないし輸入した食糧の増加率以上の数値を示す場合、われわれはこう断言できる。すなわち、他の国への移住がなければ、ほどなく死亡が出生を上回るであろう。また、数年間に人口増加があっても、それはほんとうの平均的な人口増加ではない。ほかに人口を減らす原因がなければ、いずれの国もかならず周期的な疫病か飢饉に見舞われるに違いない。

いずれの国であれ、人口がじっさい永遠に増加していく唯一の真の基準は、食糧の増加である。しかし、それでもこの基準は多少変動するが、その変動ははっきりと目に見え、観察できるものである。人口増加を無理に進めたような国もある。そこでは、ひとびとは最小限の食物で生活するよう徐々に慣らされていった。そういう国では、食糧が増加しないのに人口は一貫して増加していく時期があった。中国はまさにこれに該当すると思われる。中国にかんする情報が信頼できるものだとすれば、下層階級のひとびとはほとんど最小限の食糧で生活するのに慣れている。そして、ヨーロッパの労働者なら死んでも食べたくないと思うような、悪臭を放つ腐りかけの肉を喜んで食べている。中国の法律は、親自身による捨て子を認めており、人口増加が無理にでも進んでいく力となった。このような国は、必然的に飢饉に見舞われやすい。食糧にくらべて人口が多すぎ、平年の生産量では住民がかつかつの生活しかできないような国では、凶年の食糧不足は深刻さがきわまる。インド人がふだんきわめて質素な暮らしをしていることが、インドで飢饉が起きる原因にもなっているといえそうだ。

アメリカでは、いまのところ労働の報酬がとても良く、下層階級は、凶作の年にかなりきりつめた生活をすることがあっても、ほんとうに困窮することはないだろう。したがって、飢饉はほとんどありえない。アメリカでも人口増加が進むと、やがて労働者はとても前ほど良い報酬がもらえなくなるだろう。その場合、生活手段の増加を伴わないで、人口だけがたえず増加していくことになる。

ヨーロッパ諸国では、住民の数と住民が消費する食物の量の比は、国ごとの生活習慣の違いにより、それぞれ異なる。イングランド南部の労働者は上等の小麦パンを食べ慣れているので、スコットランドの農場労働者みたいな生活を強いられたら、ほとんど飢え死にと同様のつらさを覚えるだろう。彼らも、厳しい必然性の法則により、やがては中国の下層民のような生活レベルに下落するかもしれない。そのとき、国は従来と同じ量の食物で、より多くの人口を養うことになる。しかし、それはきわめてむずかしいことである。人道主義者はきまって解決の希望をいだき、むなしい試みをするだろう。

人口を増やすべしという声は、そこらじゅうでよく聞かれる。一方、私は人類の増加傾向はきわめて大きいと述べてきた。もし、それが正しいとしたら、人口増加がしきりに求められているときに人口増加が起きないのは、不思議に見えるかもしれない。この現実の真の理由は、人口増大の要求が、その人口を養うのに必要な資源を準備せずになされていることにある。まず、耕作を促進して農業労働の需要を高めよ。それによって国の食糧生産を増やせ。そして、労働者の生活を改善せよ。そうすれば、人口の増加がそれに比例して起こることには何の心配もいらない。これ以外の方法によって目的を達成しようとするのは、有害であり、残酷であり、暴虐である。したがって、いちおう自由がある国では成功しない。

人口増加を無理に進めて、賃金を下げ、それによってまた陸海軍費を下げ、そして国外向け製品のコストを下げることは、国の支配階級と金持ちたちの利益であると思われる。ところが、この種の企ては慈善という欺瞞《ぎまん》的な外見を装ったりするので、庶民は本気で歓迎しそうになる。まさにそういうときこそ、貧乏人の味方は、この種の企てのすべてを注意深く監視し、力のかぎりそれに抵抗すべきである。

三人以上の子をもつ労働者には、子ども一人につき毎週一シリングを与えるという条項が救貧法案にある。この法案を提出したピット氏には、何の悪意もなかっただろう。私はほんとうにそう思う。じっさい、私は法案が議会に提出される前は、また提出後もしばらくは、この規定をきわめて有益なものだと考えていた。しかし、さらによく考えていくうちに、救貧法は貧乏人の生活改善を目的とするが、けっきょくはその意図そのものをかならず裏切ると確信した。救貧法には、国の食糧生産の増進につながるものがまったく見出されないからである。食糧の増産なしに人口が増えていくならば、その結果は必然的かつ不可避的に、同じ量の食糧をより多くの数で割ることになる。そうすると、一日の労働で購入できる食糧はますます少量となり、したがって、貧乏人は全体としてますます生活が苦しくなるにちがいない。

私は、食糧の増産を伴わずに人口がたえず増大しているケースをいくつか紹介した。しかし、国ごとに違いがあっても、食糧とそれによって養える人数との関係には越えがたい限界があるので、国ごとの差異はそれほど大きくない。人口が絶対的に減少する国を除き、すべての国において、食糧はかならず労働者という人種を維持・存続させるのに十分でなければならない。

他の事情が同じであれば、国の人口はその国で生産される食物の量で決まる。その国の幸福度は、食物分配の気前よさ、あるいは一日の労働で購入できる食物の量によって決まる。そう断言してよいだろう。

麦作の国は畜産の国より人口が多く、米作の国は麦作の国より人口が多い。イングランドの土地は米作には適さないが、じゃがいもなら全土でとれる。アダム・スミス博士はつぎのように述べている。すなわち、じゃがいもが庶民の主食となり、いま小麦のために使われているのと同じ面積の土地で栽培されるようになれば、この国はもっと多くの人口を養うことができ、したがって、人口はたちまち増加するであろう。国の幸福度は、けっしてその国の貧富や、国の新旧や、人口の密度に依存するのではない。それは食糧増産の速度に依存する。すなわち、無制限に年々増加する人口に、年々の食糧増産がどれだけ近づけるかに依存する。新しい植民地は、つねにそれがもっとも接近するケースである。そこでは、古い国の知識と勤勉が、新しい国の肥沃で所有者がまだいない土地に用いられる。それ以外のケースでは、国が新しいか古いかは、生産にかんしてたいして重要ではない。たとえばグレート・ブリテンの食糧は、現在その住民のあいだでけっこうたっぷり分割されているが、それは二千年、三千年、あるいは四千年前と、おそらく大差ない。また、これも根拠のある話であるが、スコットランドの山岳地方の、人口まばらで貧しい一帯も、人口が多くて豊かなフランダース地方と同様に、過剰人口で苦しんでいる。

ある国が、より技術の進んだ民族に侵略されることもなく、文明も自然に進歩するだけだとしよう。その国では、食糧生産が一単位と考えられる時代から、それが百万単位になる時代まで、数百年を要するであろう。その長い年月のあいだ、ひとびとの大多数が直接的あるいは間接的に、食物の不足で苦しまない期間は一度もない、といってよい。ヨーロッパのすべての国において、いわば有史以来、無数のひとびとがこの単純な問題で苦しめられてきた。とはいえ、これらの国のいくつかは、絶対的な飢餓というものをまったく知らない。

飢饉は、どうやら自然が用いるもっとも恐ろしい最後の手段である。人口が増加する力は、土地が人間のために食糧を産み出す力よりも、はるかに大きい。したがって、人類は何らかの形で早死にすることになっている。まず、人間の悪徳が、人口減少に挑む有能な先鋒である。それは破壊の大軍の先頭にたち、しばしば単独でも大仕事をなしとげる。しかし、人間の悪徳がこの殲滅《せんめつ》戦で成果をあげない場合には、流行病、伝染病、悪疫、コレラやペストがつぎつぎと押し寄せ、数千、数万の人命を掃討する。それでも成果が不完全な場合には、とても刃向かえない大飢饉が後陣からゆったりと現れる。そして、強力な一撃で、人口を世界の食糧と同じレベルに押し下げる。

人類の歴史をじっくりと探究するなら、以上のことから、人類がかつて存在し、あるいはいま存在しているあらゆる国、あらゆる時代において、つぎの命題が成り立つことを認めないわけにはいくまい。

すなわち、人口の増加は食糧によって必然的に制限される。

食糧が増加すれば、人口は必ず増加する。

そして、人口増加の大きな力を抑制し、じっさいの人口を食糧と同じレベルに保たせるのは、貧困と悪徳である。

第八章

ウォレス氏――人口増加による困難の発生は遠い未来の話と考えるのは誤り――コンドルセ氏が描く人間精神進歩の歴史――コンドルセ氏のいう振動が人類において発生する時期

人類の過去と現在の状態を眺めれば明白に推論できることについては、前章の末尾で述べたとおりである。ところが、人間と社会の完成可能性を説くひとびとはみな、人口過剰論を知りながらも、この問題をつねに軽視し、そこから生じる困難をはるか遠い未来のかなたのことのように扱う。これはまったく驚きだ。ウォレス氏は、この議論の重みを知り、自分の万人平等論の所説全体が人口過剰論によって破壊されかねないと考えた。しかし、そのウォレス氏でさえ、人口過剰が原因で何らかの困難が生じるのはまだまだ先で、地球全体が菜園のようになり、食糧生産がこれ以上増えないようになってからだとする。もしその考えのほうが正しければ、そういう計画を遂行する熱意が、うるわしい万人平等のシステムが多くの点で実現可能のものならば、そういう計画を遂行する熱意が、はるか未来の困難を思うあまり消沈してしまうなんて、考えられない。それほど遠い将来に起こることなら、それは神の御心にまかせるしかないだろう。しかし、正直な話、私が本書で提示した見解のほうが正しければ、困難はそんな将来のことではなく、すぐ間近に差し迫っている。もし万人が平等なら、現段階から地球全体が菜園化するまで、耕作の進歩のすべての段階で、人類の全体が食物不足の苦悩を覚え続けねばならない。土地の生産物も年々増加するだろうが、人口の増加のスピードはそれよりももっと速い。だから、過剰の人口は貧困と悪徳によって、周期的に、または恒常的にかならず抑制されるにちがいない。

コンドルセ氏の著作『人間精神進歩史』は、彼を死にまで追いつめた苛酷な迫害のもとで執筆されたものだという。彼はその書を自分の生きているあいだに世に出して、フランスを善導したいと望んだはずだ。でなければ、主義に殉じた人間としては特異な例になる。ただし、その主義は日常の経験とは絶対的に矛盾する。世界でもっとも文化が発展した国のひとつで、しかも数千年の歴史を経た後に、もっとも野蛮な時代のもっとも未開の民族ですら恥ずかしく思うほどの、醜悪な熱狂、恐怖、残酷、悪意、復讐、野心、狂気、愚劣が沸き起こり、人間精神を下落させているのだ。人間精神は必然的、不可避的に進歩するという思想をもつ者にとって、それを見るのはたいへんショックだったはずだ。そういう現象を見ても、ただひたすら自分の主義は正しいと固く信じることによってのみ、ようやく持ちこたえられたのだろう。

この遺作は、彼が仕上げようと考えていた大著の、ほんのスケッチにすぎない。したがって必然的に、理論の正しさを証明するために必要なディテールと応用が欠けている。この理論を空想的な社会にではなく現実の社会に応用すると、完全に破綻してしまう。そのことを示すには、二、三の点を挙げれば十分であろう。

コンドルセ氏は、この本の最後の部分で、人類の完成に向けての将来の進歩を論じて、こう述べる。ヨーロッパの文明諸国で、それぞれの現在の人口をその土地の面積と比較し、またそれぞれの農耕、産業、分業、および食糧を観察すると、生きるためには働くしかない人間が一定数いなければ、これまでと同量の食糧を維持できず、したがって、これまでと同数の人口を維持できないことは明らかである。彼は、こういう階級が存在する必要性を認め、さらに、家長が生きて元気に働いていなければそういう家族の収入はきびしいことにも言及する。そして、彼のつぎの発言はきわめて正しい。「われわれの社会において、もっとも数が多く、もっとも活動的な階級をたえず脅かす不平等や隷従、そして貧困にさえ必然的な原因が存在する」*。この言葉は社会の問題を正しく、そして見事に表現している。しかし、あいにくながら、彼が提案するその解決方法には効果がない。これからそれを見ていこう。

＊ 時間と長い引用を省くために、ここではコンドルセ氏の考えの大事な部分のみを紹介したが、的は外していないと思う。しかし、みなさんには直接その本をお読みになることを勧める。内容には納得できなくとも、楽しめます。

彼は、平均余命と金利の計算によって、高齢者に老後生活の扶助を保障する基金の設立を提案する。その基金は、一部は本人が払った掛け金、また一部は、扶助金をもらう前に亡くなった人が払った掛け金からなる。この基金、あるいは別の似たような基金が、夫や父をなくした妻や子どもの扶助に用いられる。また、新しい家族をつくる年齢に達した者に、その家業をさらに成長させるに足る資金を提供する。コンドルセ氏の考えによれば、これらの制度は社会の名において、社会の保護のもとで作られるのがよい。さらに将来、計算を正しくおこなうことによって、平等の状態をもっと完璧に維持できる方法が見出されるであろう。信用が大資産家の排他的な特権になっていることをやめさせ、だれにも平等にしっかりした信用の基盤を持たせる。そして、工業の進歩や商業の活動を、これまでのように大資本家に依存しなくてもよいようにする。

そういう制度や計算は、紙の上では可能性がありそうに見えるけれども、実生活に応用するとまったく無効だとわかる。歴史のいずれの段階にも、勤労のみを生活の支えとする民衆がかならずいることは、コンドルセ氏も認めている。なぜ彼はそれを認めたのだろう。それは、増加した人口を生活させるために必要な労働は、まさに必要性という棒で叩かなければ実行されない、と思っていたからだ。理由はそれ以外に考えられない。変な制度のせいで勤労意欲への刺激がなくなったらどうなる。怠惰な人間でさえ、勤勉な人間と同じ資格で、信用が得られ、妻子を将来も養えるとしたらどうなる。自分の生活の向上をめざすのが社会の繁栄の大きなバネであるが、そういう積極的な活動をひとびとがなおも行うとわれわれは期待できるだろうか。もし、各人の要求を審査し、また各人が最大限の努力をしたかどうかを見定め、それにしたがって扶助を認定したり拒否したりする審判所がつくられるとしたら、それはイングランドの救貧法をより大規模にしたものにすぎない。そして、それは自由と平等の精神を完全に打ち砕く。

さて、かりにこの制度が生産的な勤労精神をまったく損ねないものであるとさしあたり考えたとしても、上記のような強い反対論とは別個に、重大な難点がまだ残っている。

家族を十分養える食糧の支給がすべての人に保障されれば、ほとんど全員が家族をもつであろう。また、発育中の子どもたちが貧困という「殺人的な厳寒」をまぬがれられるならば、人口は急速に増加するにちがいない。コンドルセ氏もこのことは十分承知しているようであり、将来における改善を叙述したあとで、こういっている。

「産業と幸福度が増進すると、すべての世代がさらなる享楽を求めるようになる。その結果、人類の身体的な構造により、人間の数はさらに増加していく。そうすると、いずれも等しく必然的なこれらの法則が、いつかは互いに矛盾するようになるのではないか。人間の数の増加が食糧の増加を上回ると、必然的に、幸福度も人口もたえず減少するという真の退歩運動が始まるか、もしくは少なくとも、良い方向と悪い方向との間の振動が始まるのではないか。このような極限に達した社会においては、この振動は周期的な貧窮の恒常的な原因となるのではないか。この振動は、これ以上の社会改善が不可能である限界を示すものではないか。つまり、人類の完成可能性の限界点を示すものではないか。それは、いくつもの時代を経て到達されるかもしれないが、けっして超えることができない限界点である」

彼はさらにこう続ける。

「そういう時期ははるかに先のことだと知らない人はいない。しかし、そもそもわれわれはそこに到達できるのであろうか。われわれはそのことについて、肯定も否定もできない。そのことは、人類が現時点ではほとんど想像もできないほど成長したときに初めて起こることがらだからである」

人間の数がその命をささえる食糧以上に増加したとき、何が起こるか。それについては、コンドルセ氏の描写は正しい。彼のいう振動はかならず起こる。そして、その振動が周期的な貧窮の恒常的な原因となることも疑いない。私とコンドルセ氏の意見が異なるのは、それがいつ起こるのか、という一点のみである。コンドルセ氏は、はるか遠い将来にしか起こりえないと考える。私は逆だろうと思う。人口と食物の自然増の比について、私が先に述べたことが幾分かでも真実に近いとすれば、人間の数が食糧を上回る時期はもうずっと以前に到来していたのである。そして、周期的な貧窮の恒常的な原因となる必然的な振動は、人類の歴史が始まって以来ずっと存在し、現在も存在し、何者かが人間本来の身体構造を変化させないかぎり、将来も永遠に存在し続けるであろう。

ところが、コンドルセ氏はこう言い張る。その時期は、はるか遠い将来の話だと思うが、それが到来するとしても、人類は、そして人間の完成可能性を信じる者は、何も恐れる必要がない。そう述べたうえで、彼は問題を除去する方法の話を続ける。あいにくながら私にはさっぱり理解できない。彼によれば、笑うべき迷信による偏見にしばられて、形ばかりの無意味な禁欲を道徳におしつけることが、そのころにはなくなる。そこで、彼がほのめかしているのは、結婚ではなく乱交をすすめて生殖を妨げる方法か、もしくは何かしら別のやはり不自然な方法である。そんな方法で問題を除去するのは、まさに万人の平等と完成可能性を唱えるひとびとの大目的、つまり道徳を高め純化していくことを損ねてしまうはずだ。それが大多数の意見だろう。

第九章

人間の身体的な完成可能性と寿命の無限ののびにかんするコンドルセ氏の説——限界が特定できないことから、部分的な改良を進歩の無限性に結びつける主張の誤り。家畜の改良と植物の栽培を例に、それを明らかにする

コンドルセ氏が検討を試みている最後の問題は、人間の身体的な完成可能性である。彼はいう。人間が現在もっている本来的な能力および身体の組成が同一のままだと仮定しても、人間の無際限の完成可能性は成り立つ。そのことは、すでに挙げた証拠によって、また、論を展開すれば説得力をさらに増すはずの証拠によって、十分明らかである。ならば、人間の身体の組成そのもの、人間の本来的な能力そのものも改善されうるとしたら、その可能性はどの程度確実であり、われわれはどの程度までそれを

期待できるのであろうか、と。

医薬は進歩する。食物や住宅はますます健康的になる。ふだんの生活で過度の運動は害だが適度の運動をおこなうと体力は増強する。人間を堕落させる二大原因、すなわち貧困と過度の富はいずれも解消される。医学の進歩は、理性や社会秩序の発達によって一段と有効性を増し、それによって遺伝病や伝染病はしだいになくなる。以上を前提に、彼はこう結論する。人間が死ななくなることは絶対にありえないとしても、生まれて自然に死ぬまでの期間はたえず長くなっていく。それは何歳までという際限がないので、まさしく無限に、と形容してもよいだろう。そう述べたうえで、彼は無限をこう定義する。それはたえずどこまでもそこに近づきながら、けっしてそこには到達できない極限、あるいは、割り当てられた寿命よりもはるかに先まで寿命がのびることを意味するというのである。

しかし、どちらの意味にせよ、人間の寿命が無限になると考えるのは、はなはだしく非学問的である。自然の法則にもとづく諸現象にも、それを保証するようなものはまったくない。さまざまの原因でさまざまの変化は起こりうるが、それによって規則的で一方的に寿命がのびることはけっして起こらない。人間の平均寿命は、気候の良し悪し、食物の健全度、風俗の善し悪しその他の原因によってある程度変動するだろうが、しかし、わかっているかぎり人間の歴史が始まって以来、じっさいに人間の自然の寿命がわずかでものびたかどうかは、かなり疑わしい。むしろ、そういう考え方とはまったく逆の偏見がいつの時代にもあった。私はその偏見の存在を強調したいわけではないが、そういった偏見があるということは、少なくともそれとは逆方向の目立った進歩がなかったことの証明にはなるだろう。

なるほど、人類の歴史はまだ浅いからとか、世界はまだまだ幼年期だから、違いがそんなにすぐ現れると期待してはいけないという人もいるだろう。

しかし、その言い分のほうが正しければ、人間の科学はすべてたちまち終わりである。結果から原因を追求する思考の連鎖は、すべて断ち切られる。自然という書物は読んでも何の役にもたたないものなら、われわれは目を閉じたほうがましかもしれない。粗雑でいいかげんな憶測と、注意深く実験を何度もくりかえして得られる正確で立派な理論を、同列にあつかってもいいことになる。われわれはふたたび昔の思弁哲学にもどる。事実にもとづいて理論をつくるのではなく、理論にあわせて事実を曲げる。ニュートンの首尾一貫した偉大な理論が、デカルトの粗雑で奇妙な仮説と同列にあつかわれる。要するに、自然の法則がそれほどうつろいやすいものならば、そして、万古不易と見られていたものでも変化するとされ、そう信じられるようになれば、人間はもはや探求心などもたなくなり、無為と無関心のうちに閉じこもることになるだろう。あるいは、支離滅裂な夢想や突拍子もない空想にふけるしかない。

自然法則および因果関係は変化しない、それが人間の知識全体の基盤である。ただし、自然の法則を組み立て、それを作動させているのと同じ力が、まさしく「一瞬のうちに」すべてを変化させる、そういうこともないとはいえない。そういう変化はたしかに起こりうる。私はただ、理屈のうえでそれはありえないといいたいだけなのである。もし、変化の前兆も徴候も観察されないのに、変化は起こると推定してもよければ、われわれは勝手に何でも主張してよいことになる。たとえば、明日、月が地球と衝突するという主張に反対するのは、太陽がいつもの時間に昇るというのに反対するのと同じくらい、おかしいことになる。

人間の寿命にかんしては、有史以来、現在にいたるまで、それが長くなったことを示す傾向も徴候もまったく見られない。[*] 気候や習俗や食事その他の原因が、寿命にどのような結果をもたらすかを観察して、寿命は無限にのびるという説を肯定する口実が得られてきた。その説の根拠はもろい砂のようなものだ。すなわち、人間の寿命の限界は定められないとか、寿命は何歳までと正確には決められておらず、それがどこまでのびるかも今のところ正確にはわからないといい、だから、寿命は無限にのびるかもしれないというのである。寿命は限界が定められず、だから無限であるという。しかし、この説の誤りと不合理さは、コンドルセ氏が自然の一般法則のひとつに数えた動植物の有機的な完成可能性なるもの、あるいは退化と呼ばれるものについて、少し検討すればすぐにわかることである。

＊ この世の人間の不死、あるいは人間と社会の完成可能性といったバカげた逆説に、まともに反論を企てるのは時間と言葉の浪費だ。根拠のない推論にたいしては無視するのが最良の回答だ。たしかに、多くの人はそう考えるだろう。しかし、私の意見は違う。こういう逆説を優秀で有能な人が述べている場合、それを無視したのでは、相手はその誤りにまったく気づかぬままになる。彼らは、自分の知性の高さや奥行き、自分の見識の広さや深さにかなり自信がある。だから、無視

されても、それは現代人の精神活動の貧しさや狭さのあらわれにすぎないと理解してしまう。そして、世界はまだ自分たちの崇高な真理を受け入れる準備ができていない、と思うだけである。

それとは反対に、健全な学問態度、どんな理論でもきちんと受けとめる構えをもち、相手の主張とまじめに取り組むことが、相手の気づきを促すだろう。すなわち、奇妙で根拠薄弱な仮説を唱えることは、科学の限界を拡げるどころか、そもそも科学に反する。人間精神の向上を促すどころか、向上を阻害する。われわれをふたたび知識の幼年期につれもどす。最近の急速な科学の進歩をもたらした思考様式の土台を脆弱《ぜいじゃく》にする、等々。

何でも幅広く奔放に発想したいという今日的な衝動は、一種の集団陶酔である。それは科学のさまざまの分野で、近年、思いもよらなかった大発見が続いたあたりから始まった。そうした成功で大得意になり、目がくらんだひとびとには、人間の力がおよばないことは何もないように見えるらしい。こうした幻想のもとで、じっさいの進歩が証明できなかったことと、じっさいに進歩が起こり、確かめられ、承認されたことが、混同されている。そこで、すこし痛めつけるぐらいの厳しい考え方で、彼らの酔いを醒ますことができるならば、彼らも気づいてくれるだろう。忍耐強く調査し、十分に確実な証拠を得るのではなく、発想を乱暴に飛躍させ、根拠のない主張を平気でするのは、真理および健全な学問の大目的に反するものでしかありえないのである。

家畜改良の専門家のあいだでは、家畜はいくらでも好きなように改良できる、という格言があるそうだ。この格言はまた別の格言にもとづく。すなわち、子どものなかには親の長所をさらにのばすものがいる、という。有名なレスター種の羊の場合は、小さな頭と短い脚が目標である。先の格言にしたがって改良がすすめば、ついには頭も脚もほとんどなくなってしまうはずだが、そんなバカなことにはならない。つまり、それは前提が正しくなく、そして、現実には限界というものがあるのである。ただ、われわれには限界が見えず、限界を正確に特定することができない。羊の場合、改良の到達点である頭と脚の最小化はどこまでと限定されないわけだが、それはコンドルセ氏がいう意味での無限、あるいは限度がないこととは意味が大いに異なる。改良がここまでしか進まないという限界を、私はいますぐ示すことができないが、改良はそれ以上進まないという点については、簡単に示すことができる。羊の改良をどこまで続けても、その頭や脚が、鼠の頭や脚と同じくらいになることはない、と私は断言できる。

したがって、動物にかんして、親の長所をさらに大きくのばす子どもがいるということも、どこまでも改良は可能だということも、ともに真ではありえない。

野草が進歩して美しい庭の花になることは、動物の場合の進歩よりもはるかによくわかり、はるかにめざましい。しかし、植物の場合でも、進歩は無限で限度がないと主張するのは、この上なくバカげている。改良の成果が一番よくわかるのは、サイズの増大である。花は栽培によってしだいに大きくなってきた。かりに進歩がほんとうに無限なら、花はどこまでも大きくなるだろう。しかし、そんなバカなことは起きない。植物であれ動物であれ、改良に限界があるのは確かである。ただ、われわれはそれがどこまでなのか、正確に知らないだけなのだ。

園芸家は花のコンクールで勝つために、いろいろ強引な育て方をしては失敗をしたにちがいない。同時に、もうこれ以上ありえない大きさのカーネーションやアネモネを見たことがあるという人は、相当ずうずうしい人だ。たしかに、カーネーションやアネモネの花は大きなキャベツほどのサイズにはならないと主張しても、将来それが事実に反するようになることはなさそうである。ただし、葉や茎を含む全体がキャベツを上回ることはある。

これ以上ありえない大きさの小麦の穂とか大きな樫《かし》の木を見たといえる人はいない。しかし、それ以上大きくはならない限界点については、誰もが絶対の自信をもって、簡単に示すことができるだろう。したがって、いずれにせよ、無限の進歩と、限界が特定できない進歩は、それぞれ注意深く区別しなければならない。

動植物のサイズが無限に大きくならない理由について、それは自分自身の重みで倒れてしまうからだ、という人もいるだろう。それにたいして私はこう答える。経験なしに、どうしてそうだといえるのか。その体を形づくる力がどれほどのものか、自分で経験したか。じっさい、カーネーションはキャベツほどの大きさになるずっと以前に、その茎では自重を支えられなくなる。それを私は知っている。しかし、私がそれを知っているのは、カーネーションの茎の材質がもろく、強度に欠けることを自分で経験したからにほかならない。自然界には、カーネーションと同じサイズで、キャベツと同じぐらい大きな頭を支えているものがたくさんあるのだ。

植物はなぜ枯れるのか、その理由を現在われわれはまだよく知らない。この植物は一年生、その植物は二年生、そしてあちらは多年生、などというが、なぜそういうことになっているかは誰にもわからない。植物、動物、そして人間、そのいずれについてもいえることだが、すべてが経験の問題である。そこで、私は単にこう結論する。人間はかならず死ぬ。なぜなら、生身の人体を作っているいずれの素材もかならず死ぬことが、過去のあらゆる時代の経験をつうじて証明されているからである。

「知っていることについてのみ理屈はいうべし」

健全な学問なら、証拠がないかぎり、人間はかならず死ぬという意見を変えてはならないというだろう。人類は命が無限にのびる方向へ確かに進歩してきたといえる証拠、そしていまなお進歩しているといえる証拠がない。そして、私が動物と植物から二つの特殊な例をあげた主な理由も、無限の進歩を唱える説の誤りをなるべく簡単明瞭に説明したかったからである。つまり、それらは単に、部分的な改良がなされたことを述べたにすぎず、その改良の限界を正確にここまでとは断定できないと述べているにすぎない。

たしかに、動物も植物も、ある程度までは改良可能である。それは誰も疑えまい。じっさい、明白で決定的な進歩がすでにあった。しかし、だから進歩は無限であると結論するのはきわめてナンセンスだと思う。

人間についても、いろいろな原因でいろいろ大きな変化があったことは事実だが、有史以来、人間の体格に明確にそうだといえるほどの有機的な改良があったかどうか、それは疑わしい。したがって、人間の有機的な完成可能性を唱える説は、根拠が非常に脆弱であり、単なる憶測としか考えられない。とはいえ、血統に配慮していけば、人間の場合も動物と同様に、ある程度の改良がなされることはけっして不可能ではなかろう。知能が遺伝するかどうかは疑わしいけれども、体の大きさ、強さ、美しさ、顔の色つやは、そしておそらく寿命さえ、ある程度遺伝する。そこで間違いは、小さな改良を考えることにではなく、限界が特定できない小さな改良を、ほんとうに限界がない改良と混同することにある。

さて、血統に配慮する形で人類を改良する方法は、劣等な種族の全体に結婚を禁ずることにならざるをえないので、けっして普及はしないだろう。じっさい、そうした方向の企てで成功したケースを、私は知らない。ただし、旧家のビッカースタッフ一族という例外もある。この一族は、血筋に注意したおかげで肌の色は白くなり、背も高くなったといわれる。とくに、モードという名の乳搾り女とたくみに血を交ぜたおかげで、その一族の主要な身体的欠点のいくつかを矯正することができたそうだ。

人間がこの世での不死にむかって接近していることは、いかにもありえない話である。それをもっと完璧に示すために、人間の寿命がのびれば人口論はさらに重大性を増すという話までする必要はないだろう。

コンドルセ氏の著作は、一人の著名人の考え方の素描にすぎない。しかし、その考え方は革命初期におけるフランスの知識人多数のものでもあった。だからこそ、それは素描にすぎないとはいえ、十分注目に値するのである。

第十章

ゴドウィン氏の平等社会――人類の悪徳をすべて社会のせいにすることの誤り――人口増加がもたらす問題にたいするゴドウィン氏の第一次回答はまったく不十分――ゴドウィン氏が実現を予想した美しい平等社会――それは単純に人口の原理によって、わずか三十年で完全に崩壊する

ゴドウィン氏の独創的で才能あふれる著作『政治的正義』は、生き生きとしてエネルギッシュな文体、力強くて正確なかずかずの推論、熱く語られる思想、そしてとくに、いかにも真実を語っていると印象づける真剣味によって、読者の心を打たずにはおかない。しかし同時に、彼は健全な学問が備えるべき注意深さを欠いたまま、研究をおこなっているといわざるをえない。彼はしばしば彼自身がたてた前提にもとづかずに結論を出す。自分自身で反対論を提示してみせながら、しばしばそれを論破でき

ない。具体的に応用のきかない抽象論や一般論に頼りすぎる。そのためにじっさい、彼がくだす臆断は自然な中庸をはるかに逸脱している。

ゴドウィン氏が提案する平等社会の体制は、たしかに、これまで世に出たすべての平等論がかすんでしまう美しさと魅力を備えている。理性と信念のみによる社会改良は、暴力によって実現され維持される変革よりも、はるかに長続きする可能性が高い。どこまでも個々人の判断によるというのは、言葉にできないほど偉大で魅力的なポリシーである。すべての個人を、ある意味で、公共の奴隷とするような体制より、はるかに優れている。自己愛ではなく博愛で社会が動き、導かれることは、誰もが心から願う究極の社会状態である。要するに、その美しい構造の全体を眺めると、歓喜と賞賛の感情をおさえられず、その実現のときが心から待たれるようになる。しかし、悲しいかな、そのときは永遠に来ない。すべてが夢。想像力が生んだ美しい幻影にすぎない。われわれが現実に目覚め、この世における人間の純然たる真実の姿を直視すれば、こうした幸福と不死の「豪華な宮殿」、真理と美徳の「荘厳な寺院」は、「宙に浮かんだ幻のように」あっさり消えてしまうだろう。

ゴドウィン氏は、その著の第八巻第三章の結論部分でこう述べている。

「人間社会にはひとつの原理があり、その原理により人口は永久にその生存手段のレベルにとどまる。だから、アメリカやアジアの遊牧民族においては、長い間、土地の耕作が必要になるほど人口は増加しなかったのである」

ゴドウィン氏はこの原理を、なにか神秘的で超自然的な原因のように述べ、それを調べてみようともしない。しかし、この原理こそ、貧困と貧困の恐れが必然であるという過酷な法則をあらわす。

ゴドウィン氏がその著作の全体で犯している大きな誤りは、市民社会で見られる悪徳や貧困をほとんどすべて社会の制度のせいにしていることである。彼によれば、政治的統制や既存の所有制度があらゆる悪の源泉であり、人類を堕落させるあらゆる犯罪の温床である。もし事実がほんとうにそのとおりなら、この世から完全に悪を一掃することも夢ではなく、そして、理性がこの偉大な目的に適した道具となるであろう。しかし、事実はそうではない。なるほど、社会制度は人類に多くの害悪をもたらす明瞭至極な原因であるように見える。しかし、それは皮相的で浅薄な見方である。人間社会という大河の源泉を汚し、その流れ全体を濁らせる不道徳が川の深いところに横たわっているのに比べれば、社会制度はたんに川面《かわも》に浮かぶ羽毛にすぎない。

ゴドウィン氏は、平等社会の美点にかんする章で、こう述べている。

「抑圧の精神、隷従の精神、そして欺瞞の精神、それはすべて所有の制度がもたらした直接的な成果である。そろって知性の向上を阻害する。嫉妬、邪念、復讐といったその他の悪徳も、それに分かちがたく随伴する。ひとびとが豊かに暮らし、自然の恵みをみんなで等しく分かちあうような社会状態になれば、そういう感情はかならず消えてなくなる。利己心という狭い了見もなくなる。わずかの蓄えを防御する必要がなくなり、欠乏の不安に心を痛める必要もなくなれば、誰もが自分の個人生活より、世の中全体の幸せについて考えるようになるだろう。隣人を敵視する人もいなくなる。そもそも争いの種がなくなるからである。その結果、理性の声にしたがって人類愛が君臨する。わが身をどう支えるかという不断の苦労から解放されると、精神は本来の場である思想の領域で自由にはばたく。誰もがすべての人の研究を援助するようになる」

たしかに、そうなれば世の中は幸せだろう。しかし、それはたんなる想像図にすぎない。しかも、真実の姿とは似ても似つかぬ。私が思うに、読者はすでにすっかりご存じのはずだ。

すなわち、人間は豊かに暮らすことができない。自然の恵みをみんなで等しく分かちあえるはずがない。所有が制度化されていなければ、誰もが自分のわずかな蓄えを力ずくで防御しなければならない。利己心が世にはびこる。いさかいの種は尽きない。わが身をどう支えるかを誰もがたえず心配しなければならず、思想の領域で自由にはばたく余裕のある知性はひとつもない。

ゴドウィン氏はすぐれた洞察力を備えながら、その力を人類の実状の把握のためにはほとんど用いない。そのことは、人口過剰の問題に対処する姿勢を見ればすぐにわかる。彼はこう述べている。

「こういう反対論にたいする明確な回答はこうだ。そのように推論できれば、問題はまだはるか先のことだとわかる。人間が住みうる土地の四分の三は、まだ耕作されていない。すでに耕作されている土地でも、まだまだたっぷり改良が可能である。人口はこれから何百万年も増え続けていくだろうが、その人口を支える食糧はつねに十分余裕がある」

土地の生産力が完全に停止しないかぎり、人口過剰は何の貧窮も困難も生まないとする考え方、私はすでに、そういう考え方はまちがっている、と述べておいた。しかし、ここではもうしばらく、ゴドウィン氏の美しい平等社会がもっとも純粋な形で実現した場合を想像してみよう。そして、その完璧な社会形態のもとでも、人口過剰の問題がどれほど急速に到来するかを見ていこう。応用のきかない理論はけっして正しいといえないからである。

この島国で、貧困と悪徳の原因がすっかり取り除かれたと仮定しよう。戦争もいさかいもない。不道徳な取引も工業もない。宮廷での陰謀や商売や不潔な歓楽のために、群衆が不衛生な大都会に集まってくることもない。飲酒、賭博、放蕩がなくなり、娯楽は単純で健康で合理的なものにかわる。人間に悪い影響をあたえるほどの大きな町はまったくなくなる。この地上の楽園にいる幸せな住民の大多数は、国中に散在する小さな村や農家で生活する。どの家も清潔で風通しがよく、中は十分に広くて、場所も健康に良い。人間はみんな平等である。ぜいたく品をつくる労働はなくなった。農業の必要労働はみんなで楽しく分かちあう。この島国の人口と生産量は、現在と同一と仮定する。博愛の精神は、公平な正義心に導かれて、その生産物をすべての人間にそれぞれの要求におうじて分配する。毎日肉を食べるのは不可能だとしても、ときどき肉の入った野菜中心の食事は、つましいひとびとの要求なら十分に満たせるし、彼らの健康や体力や精神を十分に保つことができる。

ゴドウィン氏の考えによれば、結婚は詐欺であり、独占である。そこでわれわれも、男女の交際は完全に自由であると仮定しよう。ゴドウィン氏は、こういう自由があっても男女が乱交するようになるとは考えていない。それについては私も完全に同意する。相手をつぎつぎに替えたがるのは、不道徳で不健全で不自然な趣味であり、質素で品のよい社会ではたいして普及するはずがない。いずれの男もおそらく伴侶をひとり選び、そして、相互に愛がつづくかぎり、結びつきも持続するだろう。ゴドウィン氏によれば、女性が何人子どもを産むかとか、その子は誰の子かとかは、たいして重要ではない。食糧と援助は、あり余っているところから足りないところへ、自然に流れるものである。* そして、男は誰でも、それぞれの能力におうじて、いつでも若い世代に教育をほどこす用意ができている。

＊第八巻第八章、五〇四頁を見よ。

私が思うに、全体としてこれほど人口の増加に適した社会形態はない。現在は、結婚が解消できない制度だからこそ、多くの人が結婚をためらうのである。反対に、男女の交際が自由になれば、男女の早期の結びつきも強力に促される。そして、われわれがいま仮定しているとおり、将来の子どもの養育に何の不安もなければ、二十三歳で子どもがいない女性は百人にひとりもいなくなるだろう。

人口増加がおおいに奨励され、そして、われわれが想像した人口減少の原因はすべて取り除かれてしまうと、人口は必然的に、かつて存在したどの社会でも見られなかったスピードで増加するだろう。私は、プライス博士が引用しているスタイルズ博士の小冊子によって、アメリカの奥地の植民地では人口が十五年で倍増した例を先に紹介した。ところで、イングランドはアメリカ奥地の植民地よりもっと健康的な国である。そして、この島国の家はいずれも空気の通りがよく、健康にもよいと考えられる。また、アメリカ奥地よりもこの国のほうが大家族づくりを奨励する声が大きい。したがって、この国ではむしろ十五年以下で人口が倍増しないほうがおかしいぐらいだ。しかし、確実に真実の範囲内にとどまるために、われわれは倍増の期間をあえて二十五年と想定しよう。北アメリカ諸州のどこでもじっさいに確認できる増加率がそれだからである。

想像どおりに財産が平等になり、そして社会全体の労働が主として農業に向けられるならば、国の生産量はいちじるしく増大するだろう。それはほとんど疑えない。しかし、急速に増大する人口の需要にこたえるためには、ゴドウィン氏が計算した各人一日半時間の労働では、とても足りない。そのためには、各人の労働時間の半分を費やさねばなるまい。ところが、そこまでやっても、あるいはそれ以上やっても、平均の総生産量がいまから二十五年で倍増するかどうか、疑わしい。とくに、この国の土壌の性質をよく知っており、すでに耕作されている土地の肥沃度とまだ耕作されていない土地の不毛性を考えに入れる人は、それを大いに疑うだろう。生産倍増が成功する唯一の決め手は、牧草地をすべて田畑として耕し、国民のほぼ全体に肉食をやめさせることである。しかし、この計画の一部はいわば自動的に失敗しそうだ。なぜなら、イングランドの土地は肥料を施さなければ生産がのびず、そして、その土地に最適の肥料をつくるには家畜の糞が必要だからである。中国には、肥料をやらなくても米が一年に二度もとれるほど肥沃な地方があるという。イングランドには、そういうことがいえるような土地はまったくない。

この島国の平均生産量を二十五年で倍加するのは、たしかにむずかしいが、ここではあえてそれが実現するものと仮定しよう。とすれば、最初の二十五年の終わりごろ、人口が二倍の千四百万人になっても、この人口を健康に養うのに十分な食物（ただし、ほとんど植物性）があるだろう。

では、つぎの二十五年にはどうなる。増加した人口の深刻な要求を満たすだけの食物はどこにあるのか。あらたに開墾できる土地はどこにあるのか。すでに耕されている土地の改良に必要な肥料はどこにあるのか。土地について少しでも知識のある人なら、この国の平均生産量を第二期の二十五年で現在の生産量と同じ分だけさらに増やすのは不可能だというだろう。しかし、それでもわれわれはそれが可能であると仮定する。議論に自信があるから、かなりのところまで譲歩できるのである。ところが、そこまで譲歩しても、第二期の終わりには七百万人が食物にありつけない。きりつめても二千百万人を養うのがやっとの食糧を、二千八百万人で分けなければならない。

さあ、大変だ。想像された光景のなかでは、だれもが豊かに暮らしていた。欠乏の不安に心を痛めることもなかった。利己心という狭い了見もなかった。心は、わが身をどう支えるかという不断の苦労から解放され、精神は本来の場である思想の領域で自由にはばたいた。この情景はどうなる。この美しい空想の世界は、冷酷な真実に触れたとたんに消え去るのである。豊かさによって育まれ、活気をえていた博愛の精神は、欠乏という冷気をあびて萎縮する。消滅したはずのおぞましい情念がふたたび現れる。猛々しい自己保存の法則によって、温和で高尚な心は保てなくなる。悪への誘惑は強く、人間の本性はそれに抵抗できない。穀物は熟するまえに刈り取られ、あるいは不正な分け前が隠匿される。こうして嘘をつくという悪徳の黒い連鎖が始まる。大家族をもつ母親に、必要な分の食糧がもはや回ってこなくなる。子どもたちは栄養失調で病気になりやすい。健康的なバラ色だった頬が、貧しさで青白くやせこけ、目も落ちくぼむ。博愛の精神は、少人数の心の奥底にとどまり、いまにも消えそうに最後の闘いをしているが、けっきょくは自己愛がもとの帝国を復活させ、闘いに勝って世界に君臨する。

ゴドウィン氏によれば、極悪人が罪を犯すのも社会の制度が歪んでいるせいであるが、そういう制度がここには存在しなかった。[*]だから、公共の善と私的な善とのあいだの対立も生じなかった。公共の利益だと理性が命ずるものについては、独占は発生しなかった。不正な法律によって道理に反することをさせられる者もいなかった。博愛の精神がすべての人の心にみなぎっていた。ところが、五十年にも満たない短期間のうちに状況は一変する。現在の社会を堕落させ、陰鬱なものにする暴力、抑圧、虚偽、貧困、いまわしい悪徳、そしてあらゆる苦しみがここで生み出されたようである。そして、それは、どうしても避けがたい状況の産物であり、人間の本性に固有の、しかも人間によってはけっして規制できない法則なのである。

＊　第八巻第三章、三四〇頁。

もし、この陰鬱な想像図にそれほどリアリティが感じられないというのであれば、さらにそのつぎの二十五年をちょっと眺めてほしい。そこには、食う物もない二千八百万の人間がいる。そして、一世紀も経たないうちに、人口は一億一千二百万人となるのに、食糧は三千五百万人を養う分しかない。七千七百万人には食べる物がない。

そのころになると、ほんとうに欠乏が普通になる。強盗殺人がほとんど日常化するにちがいない。ところが、われわれの仮定によれば、すべての時代をとおして土地の生産物は絶対的に無限であり、年々の増加率も、もっとも大胆な予測をさえ上回るほどとされているのである。

以上で明らかなように、人口の増加がもたらす問題についての見解は、ゴドウィン氏ときわめて異なる。なにしろ、彼はこう述べている。「人口はこれから何百万年も増え続けていくだろうが、その人口を支える食糧はつねに十分余裕がある」

私は、過剰人口が二千八百万人とか七千七百万人とかになると述べたが、そういう数になりえないことは、私もよく知っている。この点については、ゴドウィン氏の意見は完全に正しい。すなわち、「人間社会にはひとつの原理があり、その原理により人口は永久にその生存手段のレベルにとどまる」。問題はただひとつ、その原理とは何か、である。それは何だかよくわからないオカルト的な原因をいうのか。それは何かしら神秘的な、天の働きで、適当な時期に、男が性的不能になり、女が妊娠不能になるということか。それとも、それは目にも見え、われわれが探求しうるものなのか。

それは人間がおかれたあらゆる環境において、程度の大小はあれ、たえず作動してきたことが観察できるものではないか。つまり、それは貧困そのもの、すなわち自然の法則の必然的で不可避の結果ではないか。そして、人間の制度は、それをなくすことはできなかったが、それでも悪化させたとはいえず、むしろかなり弊害をやわらげてきたのではないか。

奇妙に思われるかもしれないが、現代の文明社会を支配する法則のいくつかは、われわれが想定した社会状況下でもなお、きわめて厳然たる必然性によって作動し続けるのである。ゴドウィン氏によれば、人間は自分が受けた印象で動く動物である。とすれば、人間は欠乏という叩き棒でしばらく叩かれると、かならず公的な備蓄や私的な備蓄への侵害を始める。侵害の数が増え、規模も拡大すると、その社会の実力者、有能な知識人はすぐに察知する。人口が急速に増大すれば、国の毎年の生産量はたちまち不足に転じ始めるだろうと察知する。事態は緊急を要する。国の安全のため、何らかの手立てを講じなければならない。そのための会議が招集される。国の危機的状況について激論が交わされる。

ひとびとの生活が豊かなとき、働けない人、財産のない人はほとんど問題にはならなかった。誰もが隣人の困窮を見過ごさず、いつでも援助する用意ができていたからである。ところが状況は一変した。問題はもはや、自分が使わないものを人に与えるべきか否かではない。自分が生き残るために絶対不可欠の食物を隣人に与えるべきか否かである。

議論はさらに続く。欠乏にあえぐ人の数は、分け与えることができる人の数や余力を大きく上回る。この切迫した欠乏は、国の生産力では満たしきれないため、目に余る違法行為を引き起こした。しかも、その違法行為が食物の増産を妨げてきた。違法行為を何らかの方法で抑えないかぎり、社会全体が混乱におちいるだろう。そこで、可能なかぎり何が何でも生産量を毎年増大させていくこと、それが絶対に必要である。この第一にして不可欠の大目標を果たすために勧められるのは、土地をもっと完全に分割することであり、各人の備蓄を侵害から防御するために、場合によっては死刑という、もっとも強力な制裁を加えることである。

ここまでいうと、またいろんな反対論が出てきそうだ。すなわち、土地の生産性は向上したし、さまざまのできごとのおかげで、自家消費を上回る分配を得られる人も出た。そして、利己主義がいったん世間の常識みたいになれば、自分にとっては余剰の生産物でも、それを何の見返りもなしに差し出す者もいなくなるだろう。これにたいしては、こんな答え方をしよう。すなわち、そういう自分勝手はおおいに嘆かわしいけれども、しかし、財産の安全がない場合にかならず発生する災難の黒い連鎖にくらべれば、何ほどの悪でもない。そもそも一人の人間が消費する食物の量には、その胃袋の小ささゆえ、かならず限界がある。彼はその余った分をかならず捨ててしまうわけではない。彼は自分にとって余分な食物を、他人の労働と交換するかもしれない。しかし、それによって労働者が彼にいくらか従属するようになっても、労働者にとっては飢え死にするより、そのほうがまだましだろう。

したがって、社会にのしかかるさまざまの害毒を除去するための、十分とはいえないまでも最善の方法として、まず間違いなく、現在の文明諸国にあるのと大差ない所有制度が設けられることになるはずだ。

さて、先の話と密接にかかわるが、つぎに論ずべき問題は男女の交わりである。社会を悩ませている諸問題の真の原因に目を向けた人は、こう主張するだろう。すなわち、子どもたちはみんな世間の温情で養ってもらえると、誰もが安心していると、人口の増加がかならず起き、土地の生産力はかならず不足して、人口をささえる食糧の生産ができなくなる。かりに、社会がこの一点に関心と労力を集中し、そして、財産の安全確保と思いつくかぎりの生産奨励によって、年々の生産量を最大限にのばせたとしても、人口増加のスピードははるかに速く、食糧の増加はけっしてそれに追いつけない。したがって、人口増加を抑制することがどうしても必要となる。一番自然で理解しやすい抑制方法は、子どもの扶養はそれぞれの親にまかせることであろう。それはある点で、人口増加の尺度および目安として機能する。なぜなら、誰も、もはや自分が扶養できない子どもはつくらなくなるからである。それでも子どもをつくるとどうなるか。その場合は、見せしめのために、そうした行為の不面目と不都合が当事者にふりかかるようにすることが必要だろう。軽率な人間は、当人はもちろん、罪のない子どもたちまでも、貧困と欠乏のなかに追い込む。社会がわれわれの想像どおりの問題をかかえているとすれば、結婚の制度、あるいは少なくとも自分の子どもは自分が扶養すべしという明文または暗黙の義務は、ものの道理の自然な帰結である。

以上の問題を眺めると、貞操義務の違反で、女のほうが男より恥辱を受けるのはきわめて自然に成り立ったことだとわかる。女にはそもそも自分の子どもを扶養できるほどの力がない。したがって、結びついた相手の男が、子どもを扶養する約束をしておらず、しかも子育ては大変だとわかって、女を捨てた場合、子どもはどうしても社会によって扶養されるか、そうでなければ餓死するしかない。そういう困ったことが頻発しないようにしたい。しかし、きわめて自然におこる過失にたいし、監禁などの刑罰を科すのはあまりにも不当であるから、ひとびとは不貞については恥辱で罰することに賛同する。しかも、不貞行為がすぐにわかり、よく目立つのは女のほうであり、見まちがいも少ない。子どもの父親が誰なのかはわからないことがあっても、母親までわからないことはまずありえない。犯罪の証拠が完全にそろい、同時に、社会への害がきわめて大きいほうに、最大の責任があるということで意見がまとまる。もちろん、男にも自分の子どもを扶養する義務があり、社会もしかるべきときにはそれを強制する。男は、家族をささえる大変さや労苦を当然これまで以上になわされるし、しかも、ほかの人を不幸にした人間が受けるべき恥辱を男もそれなりに受けるので、それで男はもう十分に罰されたと考えてよかろう。

男ならほとんど無罪なのに、いま同じことを女がやれば、女はほとんど社会から追放される。そういうことはたしかに自然の正義に反するだろう。しかし、この習慣は、社会に深刻な厄介事が頻発するのを防ぐための、もっとも明瞭で、もっとも有効な方法としてできあがった。その成り立ちは、なるほど完全に正当化できないにせよ、いかにも自然である。しかも、その習慣の成立後に生まれた一連の新思想においては、慣習の起源などはどうでもよいものとなった。最初は国家の必要によって押しつけられたものかもしれないが、いまでは女性のたしなみとして支持されているのである。この習慣の最初の意図がまだ存続しているとすれば、それは一番その必要性がなさそうな社会階級で、一番強く働いているかもしれない。

社会の二つの基本法、すなわち財産の安全確保と結婚の制度がいったん確立すると、そこから生活条件の不平等が必然的に生ずるにちがいない。財産の分割が終わった後に生まれた者にとって、世界はもはや隅々まで誰かの所有物だ。大家族をかかえる親から十分なものがもらえないのに、すべてが他人の所有物になっているこの世の中で、どうやって生きていけばよいのか。だが、すでに見たとおり、土地の生産物にたいして誰もが平等な分け前を求める権利があるとしたら、それは社会に致命的な害をもたらす。最初に分与された土地ではとても養いきれないぐらい家族が増えたからといって、他人の剰余生産物の一部をさも当然のように要求することはできない。

じっさい、われわれにとって不可避の自然法則により、人類のある部分は欠乏に苦しまなければならない。彼らは、人生という宝くじで、空くじを引いた不幸なひとびとである。扶助を求める人の数は増え、彼らに供給できる剰余生産物はそれに追いつけない。誰に提供するかを選別するさい、道徳的な価値を基準にするのはきわめてむずかしく、よほど極端な場合でなければありえない。剰余生産物の所有者は、一般に、もっと明確な選別基準を求めるだろう。そして、特殊なケースを除き、彼らが選ぶのは剰余生産物をさらに増大させる能力があり、その意欲もあると言明した者である。これはごく自然で、しかも正しいことだと思われる。こういう者たちは、ただちに社会に利益をもたらし、そして、所有者がさらに多くのひとびとを援助できるようにする。

食べるものに事欠くひとびとは、生きるために絶対必要なそれを得るため、全員がいやおうなしに自分の労働をさしだす。一方、労働の保持のためにあてられる資源は、土地の所有者が自分たちでは消費しきれずに所有している食糧の総量である。この資源にたいする需要が多量かつ多数である場合、それが小さく分割されることになるのは自然だろう。労働の報酬は当然少ない。ひとびとは働いても生きていくのがやっとだ。病気や窮乏に見舞われると、家族を養うこともままならないだろう。反対に、この資源が急速に増大した場合、それは扶助を求める人数よりも増加が速い場合だが、そのときは分割される量ははるかに多くなるだろう。たっぷりの食糧という見返りがなければ、誰も労働を提供しようとは思わない。労働者の生活は安楽になる。その結果、もっと多くの子どもを元気に育てられるようになる。

今日のいずれの国についてもいえることだが、下層階級のひとびとの幸福、あるいは不幸の度合いは、主として上記のような資源の状態に依存する。そして、人口が増加するか、停滞するか、それとも減少するかは、まさしくひとびとの幸福、あるいは不幸の度合いに依存するのである。

人間が想像しうる最高に美しい形の社会がつくられたとしよう。その社会をうごかす原理は、利己心ではなく利他心である。ひとびとの邪悪な部分はすべて、暴力によってではなく理性によって矯正される。ところが、そういう社会でさえ、きわめて短期間のうちに堕落する。今日のいずれの国でも見られるものと大差ない姿の社会になってしまう。しかも、それは人間がもとから堕落しているからそうなるのではなく、まさしく不可避の自然法則によってそうなるのである。けっきょく、資産家階級と労働者階級に二分される社会、利己心をこの巨大なマシンの主な動力とする社会へと堕落する。

以上のことを考えるさい、はっきりいって私は、人口の増加については過小に、食糧の増加については過大に想定した。しかし、私が想定した環境の下では、人口は比類ない速さで増加してもおかしくないはずである。そこで、人口が二倍になる期間を二十五年でなく十五年とし、この短期間での食糧倍増もとりあえず可能だとして、その増産に必要な労働のことを考えると、われわれは自信をもってこう断言できる。すなわち、ゴドウィン氏の考える社会システムがきわめて理想的な形で実現されたとしても、その体制は単純な人口の原理によって、数百万年先ではなく三十年で完全に崩壊するだろう。

私は移民についてはふれなかったが、その理由はいうまでもない。かりにヨーロッパのどこかにそういう社会がつくられたとしても、その国もやはり人口の問題をかかえ、新しいメンバーを受け入れることはできないだろう。その美しい社会が、かりにこの島国のなかだけでつくられるとしたら、それは最初の純粋さをぎこちなく後退させながら、最初に約束した幸せをきっとごくわずかしか実現できまい。要するに、住民たちがすすんで国を捨て、いまのヨーロッパのどこかの国みたいな政府のもとで暮らすか、新天地への移住者がかならず味わう極端な苦労を覚悟するには、その前に、美しい社会の基本原理が完全に崩壊しているにちがいない。われわれは何度も経験があるのでよく知っているが、ひとびとは、その国でよほど悲惨な苦しみを経験しないかぎり、国を捨てようと決意できるはずがない。ほとんど餓死寸前と思われるひとびとでさえ、新しい定住地に行く船に乗ろうという魅力的な呼びかけには、めったに応じなかったのである。

第十一章

ゴドウィン氏の推測によれば、男女間の性欲はやがて消えてなくなる――その推測には根拠がない――愛の情念は、理性にも道徳にも反するものではない

ここまでわれわれは、ゴドウィン氏の社会システムを完全に成り立ちうるものと仮定してきた。しかし、そういう社会の実現はそもそも不可能なのである。かりに実現したとしてもそれをほどなく崩壊させる自然の原因があるから、その同じ原因によって実現の可能性は最初からつぶされる。この自然の原因は変化するともいわれるが、その論拠について私はまったく納得できない。

世界ができて五、六千年たつが、男女間の性欲が消えてなくなる方面への動きはまったく起きなかった。もちろん、いつの時代でも、老人たちは自分が感じなくなっ

た性欲について激しく非難するものである。ほとんど理不尽な非難なので、たいてい聞き流されてしまう。また、気質がそもそも冷たく、恋愛の気分さえわからぬ人間には、生きる喜びの充実につながるこの性欲の力について、ものをいう資格がないといってよいだろう。また、若いころを犯罪的な乱行ですごしながら、年をとってからは体の衰えと後悔の念で心の平穏を得ているひとびとは、性欲がもたらす喜びをむしくて、くだらないものと罵《ののし》り、長続きのする満足は得られないと言い張るかもしれない。しかし、純粋な恋愛の喜びは、最上級の理性と最高級の道徳による吟味にも耐えるのである。

ただしい恋愛のほんとうの喜びを経験したことがあるなら、たとえ知的な快楽がどれほど大きいかを知っていても、恋愛の時期こそが自分の生涯でもっともかがやかしい時期だったと思い返すはずだ。彼は甘い思い出にひたり、深い後悔の念とともに昔を懐かしみ、できれば何度でもその時期を生き直したいと願う。たしかに、知的な快楽のほうが肉体的な快楽よりもすぐれている。しかし、それは持続する時間の長さとか、対象範囲の広さとか、そして飽きにくさの点でそういえるだけである。リアルさとか、人生の本質にかかわる点では、かならずしもそうとはいえない。

どんな楽しみも、度が過ぎれば楽しさは失われる。天気がよい日に美しい田園を散歩するのは楽しいが、歩く距離が長すぎると、痛みと疲れだけが残る。滋養になる健康的な食品でも、旺盛な食欲で食べすぎると、体を強くするどころか、弱くしてしまう。知的な快楽は、たしかにほかの快楽よりは飽きないけれども、だからといって少しも休まずに続けると、やはり肉体を衰弱させ、精神力まで減退させてしまう。とにかく快楽について、それが過度に追求される場合のみをとりあげて反対するのは、あまりフェアではないと思われる。

ゴドウィン氏によれば、道徳は結果の善し悪しの計算である。あるいはペイリー副司教の巧みな表現によれば、道徳は社会全体の功利の総和として現れる神の意志である。いずれの定義によるにせよ、肉体的な快楽は、不幸な結果につながるおそれがないかぎり、道徳の法則に反するものではない。また、知性の向上の余地をたっぷり残すほどの節度が保てるならば、肉体的な快楽の追求は生きる喜びの総和を増大させるにちがいない。

友情の要素を加えた高潔な恋愛は、感性と知性の両面の楽しさを合体させ、人間の本性にとりわけ合致する。それは魂の響き合いをうながすべく、もっともパワフルに企てられるものであり、そして、至福の喜びをもたらすものである。

ところが、ゴドウィン氏は、肉体的な快楽が明らかに劣ったものであるというために、こう述べる。「それに付随する事情をすべて取り除けば、男女の交わりはまことにおぞましいものである」*。これは、木を愛でる人にむかって、すてきな枝や葉をすべて取り除けば、裸の柱は少しも美しくない、というに等しい。しかし、賞賛されている木は、枝や葉をそなえた木であって、枝も葉もない、ただの棒ではない。

* 第一巻第五章、七三頁。

ある対象のひとつの特徴だけを見る場合と、きわめて疎遠なふたつ、たとえば一人の美女と一枚のマダガスカル地図の組み合わせを眺める場合とでは、まったく異質で、まったくちがった感覚が刺激される。女が男の愛の情念を刺激するのは、たんに彼女が女だからではない。彼女の「均整美、快活さ、色っぽい優しさ、愛情のこもった親切心、豊かな想像力、鋭い機知」に刺激されるのである。愛の情念に駆られて、社会全体の利益をひどく害する行為に走ってしまった男たちがいるけれども、女の魅力がたんなる性別の違いだけであったのなら、そんな誘惑に抵抗するのは少しもむずかしくなかっただろう。肉体的な快楽が劣ったものであるというために、それに付随するものをすべて取り除くことは、磁石からそのもっとも本質的な要素である磁力を奪ったうえで、この磁石は弱くて使い物にならないというに等しい。

肉体的な快楽であれ、知的な快楽であれ、あらゆる楽しみを追求するさいに、その結果の善し悪しを計算できるのが理性の能力である。理性によって進路は修正され、正しく導かれる。したがって、より成長した理性は、肉体的な快楽の乱用を防止する方向でかならず機能するが、けっして肉体的な快楽を抹殺するものではない。

すでに力説してきたように、限度が確定できない部分的な改良から、無限の進歩を推論するのは誤りである。確固たる進歩が認められても、ただちにその進歩を無限と考えるのはバカげている。私が思うに、そういう例はたくさんある。ところが、男女の性欲が消えてなくなることについては、これまでのところ、その方向への進歩をしめす実例がまったくない。ならば、なおのこと、性欲が消えてなくなるのは根拠のない憶測にすぎず、いかなる学問的な裏づけもない話である。

じっさい、最高の精神力の持ち主でも肉体的な愛の快楽に、適度どころか過度にのめりこんだりする。それは、残念なことながら、歴史が明瞭にしめすとおりである。私としては、あえて多くの実例に逆らって、旺盛な知的活動は性欲の支配を弱めると仮定したいところだ。しかし、それをみとめると、人口にはっきりとした影響を生じさせるためには、人類の大部分が現在のあれこれの著名な知識人よりもはるかに上等な人間になっていなければならない。私は、人類がこれ以上成長しないとはけっして思わないけれども、いずれの国でも下層階級は欠乏や労苦から解放されず、したがって、知性を向上させるゆとりも得られないだろう。私が本書の眼目として、強く主張したいのはその点である。

第十二章

人間の寿命は無限にのびるとするゴドウィン氏の憶測――精神への刺激が肉体におよぼす影響についての誤った考え方とその諸例――過去にもとづかない憶測は非学問的――人間は地上での不死に接近しているというゴドウィン氏とコンドルセ氏の憶測は、懐疑論の不整合性の奇妙な実例

将来、人類は地上での不死に近づいていく、とゴドウィン氏は推測する。いささか奇妙なのは、この推測が、人口の原理により平等社会は不可能であるとの説を否定する章で述べられていることである。男女間の性欲は寿命が伸びるスピードよりも速く減退すると仮定しなければ、地球は人間であふれて、とんでもないことになるはずだ。しかし、そういう難題はゴドウィン氏にまかせることにして、われわれは、人類の不死という推測を導いた見かけの現象について若干検討したい。

心のありようが体調を左右することを証明するため、ゴドウィン氏はこう述べている。「よい知らせを聞いて体の不調が消えた、ということはよくある。ぐーたらしていると病気になったりするが、忙しく動き回っていると悩みもなく、元気でいられる。これもよくある話だろう。二十マイルの道を、気分が乗らぬままぐずぐず歩くと、ひどく疲れるが、楽しさいっぱいの動機があってぐんぐん歩けば、到着したときも最初と変わらず元気だ。配達された手紙で、思いがけない言葉を受け取って、激しく心を動かされると、われわれの体に異常な変化が生じる。血液の流れが速くなる。心臓の動悸が激しくなる。舌がもつれる。人は、極度の苦悶、あるいは極度の歓喜で死んでしまうこともあるのだ。精神ほど病気の快復を助け、あるいは快復を遅らせるものはない。それはじっさいに医者もよく知っていることである」

ここで述べられている例は、主に精神的な刺激が肉体にあたえる影響の例である。心と体のあいだに密接で、しかも神秘的な関係があることは、誰もまったく疑わない。しかし、刺激は同じ強度を保つことができるとか、刺激を受け続けても人間は疲労困《こん》憊《ぱい》しないなどと考える者は、そもそも刺激の性質について何もわかっていない。上記の例においても、刺激の強さはその目新しさと思いがけなさに依存している。そういう性質ゆえ、刺激はくりかえされるたびにその力の元となった特性を失う。刺激はくりかえされると同じ効果を保てないのである。

ほかにも、小さい部分的な効果から大きい全体的な効果へ飛躍する論法は、たいていの場合、きわめて誤った推論のしかたである。何もやることがなくてじっとしている人は、ちょっとした体の不調でも、そればかり気にするのに、忙しく動き回っている人は体調不良をある程度克服する。いや、もっと正しくいえば、体調不良など気にしない。しかし、だからといって、精神力があれば高熱や天然痘やペストなど気にしなくてよいことにはならない。

二十マイルの道を、楽しさいっぱいの動機があって歩く人は、終点に来ても、ほとんど体の疲れを覚えない。ならば、元気を二倍にし、距離もさらに二十マイル増やそう。さらに四倍に伸ばして、三回目もやらせよう。そしてさらに、と続けていくと、歩く距離はけっきょく精神ではなく筋肉に依存するようになるのである。［健脚で有名な］パウエルが、十ギニーもらえるという動機で歩く距離は、ゴドウィン氏が五十万ギニーの動機で歩く距離より長いだろう。ふつうの体力の人間が、尋常でないほど強い動機で歩けば、彼はおそらく死ぬほどがんばるだろうが、それでも二十四時間で百マイルも歩くことはできない。このことから明らかなように、最初の二十マイルは元気そうに見えるからといって、また本人も疲れをほとんど感じていないからといって、彼がほんとうに疲れていないと考えるのは誤りである。精神は、一度に二つ以上のことにしっかり注意を向けることはできない。二万ポンドを得ることに心を奪われている者は、足が少々痛くなっても、あるいは少々こわばってきても気にしない。しかし、最初の二十マイルを歩き終えても、ほんとうに出発時と同じくらい元気はつらつであれば、つぎの二十マイルも元気で歩けるだろうし、そして、三度目の二十マイルでも同じくらい元気なはずだ。そういう考え方はあきらかに不合理である。

元気な馬がかなり疲れてきたとき、くつわを直し、拍車で刺激すると、はた目にはまだ一マイルも走っていないみたいに、はつらつとして精力にみちていると見えるほどの元気をとりもどすかもしれない。いや、おそらくその馬自身、刺激によって興奮して熱くなっているあいだは、何の疲れも感じないだろう。しかし、そう見えるからといって、馬は刺激が続くかぎりけっして疲れないと主張すれば、それはまったく理屈にも経験にも反する奇妙な意見とされよう。馬が四十マイルほど歩いたあたりで一群の犬にほえられると、馬は出発時と同じぐらい元気になったように見えることがある。それが狩猟の途中なら、乗り手はそのとき馬の体力や精力が衰えたことに気づかないだろうが、ハードな一日の終わりごろ、これまでの疲れがどっと出て、馬はいつもより早くへたばるだろう。

私も、猟銃をかついで歩き回って成果がゼロの日、帰りの足取りは重く、気分も不愉快きわまりなかったことがたびたびあった。しかし、かなり成果があった日は、先日とほとんど同じぐらい歩き回った後でも、元気で愉快に帰宅できた。このように帰宅時におぼえる疲労感は、日によってはっきりとした差があるけれども、翌朝にはほとんど差がなくなる。成果がよかった日の翌朝は、そうでない日の翌朝よりも、とくべつ足の痛みやこわばりが少ないわけではない。

以上、いずれの例においても、精神への刺激は肉体的な疲労から気持ちを逸らせる働きをするけれども、この疲労をほんとうになくしてはくれないようだ。もし精神力がほんとうに肉体の疲れをなくしてくれたのであれば、翌朝に疲れを感じるはずがない。馬が犬たちに刺激されて、まさしくその見かけどおり、じっさいの旅の疲れを完全に克服できたのであれば、まだ四十マイルも行かないうちに早々とへたばったりするだろうか。

私は、本書を書いている途中、たまたま歯がとても痛くなった。しかし、執筆に熱中すると、しばらくは痛みを忘れるものである。とはいえ、痛みの原因は進行しており、その情報を脳に伝える神経は、私が痛みを忘れているあいだでさえ、その刺激をきちんと受けとめるよう注意とその機会を求め続けていると考えざるをえない。ほかの種類の刺激がたくさんあると、痛みの受けとめを妨げ、あるいは痛みをしばらくは圧倒するかもしれない。しかし、ついには痛みが異常な力で襲ってきて、ほかの刺激をなぎたおし、私の強い執筆意欲を蹴散らし、脳の内部を制圧する。どうやら、この場合でも先の例と同様、精神は体の不調を克服したり、癒したりする力をほとんどもたない。ただ強い刺激をあたえれば、気持ちを別の方面に定着させる力をもっているにすぎない。

しかしながら、私は、健康で元気な精神をもつことが、肉体を健康で元気に保つこととまったく無関係だというつもりはない。むしろ、心と体の結びつきはきわめて密接であるから、両者がたがいに助けあったりしないほうが異常である。しかし、比較すれば、肉体が精神におよぼす影響のほうが、精神が肉体におよぼす影響よりも強い。精神の第一の目的は、肉体の欲求にたいし、その調達人の役をはたすことである。肉体の欲求が完全に満たされると、能動的な精神は足を踏み出して、科学の諸分野をさまよったり、空想の世界でたわむれたりしがちになる。「この世のわずらわしさから逃れ」られたので、これからは自分の同類を探しにいこうと夢想しがちになる。しかし、精神のそういう努力はすべて、兎と亀の物語の、兎のようにむなしい。肉体は亀のように歩みは鈍いが、精神がどれほど広い範囲を遠くまで走っていても、かならず追いついてしまう。どんなに明晰《めいせき》で能動的な知性の持ち主でも、たしかに一度や二度、呼びとめられたからといって立ち止まりはしないが、けっきょくは空腹に呼びとめられて、頭脳の支配を放棄する。あるいは、体がへとへとになって、眠りこんでしまう。かりに肉体を不死にする薬が発見されたら、精神もいやおうなしに不死になる、と断言する人はいそうだが、精神の不死から肉体の不死を推論する人は皆無だろう。むしろ逆に、精神のエネルギーが最大になると、肉体はおそらくボロボロになって、滅びる。精神力は適度に保てば体の健康によいが、すでに見てきたように、あまりに知性を働かせすぎると、それを収めている鞘《さや》を破損してしまう。肉体にたいする精神の力、そして、その結果としての人間の不死の可能性を証明するためにゴドウィン氏がもちだしている例の大半は、私が挙げた二者のうちの後者にあてはまる。もし精神への刺激をずっと続けていると、人間は不死になるどころか、肉体を急速に壊されてしまうだろう。

さらに、ゴドウィン氏は、人間の意志の力がますます自分の動物的な身体を支配できるようになると考える。そして、このことにより、あるひとびとの意志の力は、ふつうではできないようなことまでできるようになる、と彼は結論する。しかし、その結論は、普遍的なルールに逆らって、ごく少数の例外から推論したものである。しかも、この例外は何かしらのトリックのたぐいであり、けっして立派な目的のために用いられるような力ではない。高熱のとき自分の脈拍を減速できる人がいるなんて、私は聞いたことがない。また、ゴドウィン氏がここでほのめかしている人のうち、自分の身体構造の不具合をなおし、その結果、自分の寿命をのばすことに少しでも成功した人がいるかどうかは、大いに怪しい。

ゴドウィン氏はいう。「ある種の力が今はわれわれの観察しえないものだからという理由で、それは人間の精神力の限度を超えていると結論するのは、このうえなく非学問的である」。ならば、私の学問観はこの点にかんしてゴドウィン氏とかなり異なっているといわざるをえない。私が思うに、学問的な推測と、有名な予言者ブラザーズ氏の断定とのあいだの唯一の違いは、一方は今われわれが観察して得られるデータにもとづくのに、他方は何の根拠ももたない点にある。たしかに、科学のあらゆる分野で、とくに物理学において、これからも偉大な発見がなされるだろう。それは私も期待する。しかし、われわれが将来を見通すときの基礎である過去の経験を捨て去るなら、そしてさらにまた、過去の経験とまったく矛盾するような推測をしてもよければ、われわれは茫漠たる荒野に投げ出されたも同然だ。そこでは、どれだけナンセンスなことを考えてもよい。人間はそのうち体の後ろにも目と手がつくだろうという人がいてもおかしくない。私も、目や手の数が増えれば便利だろうなとは思う。しかし、そういう変化の可能性をうかがわせるような徴候を、私はまったく見たことがないので、そういう話は信じられないといわねばならない。私のこの発言が反論として有効ではないなら、どういう臆断もすべて等しく学問的なものになる。われわれの観察によれば、地上の人間が不死になることは、人間の目が四つ、手も四つになり、木が垂直にでなく水平にのびることと同じくらい、それらしい徴候がないといっておきたい。

いや、まったく予想もされず、期待もされなかったことが、世の中ですでにたくさん発見された、という人もいるだろう。それは私もそうだと思う。しかし、そういう発見を、過去の事実からの類推や示唆にたよることなく、予言できたら、その人はまさしく予見者とか予言者と呼ばれてもよいが、けっして学者ではない。

いまの時代に発見されたものを見たら、テセウスやアキレス〔ともにギリシア神話の英雄〕の時代の未開ヨーロッパの住民たちはびっくり仰天するだろうが、それは何の証明にもならない。機械の力をまったく知らない人は、その効果のほどを推量することもできまい。現在われわれは人間の精神力について完全に知っている、と私はそこまでいうつもりはないが、われわれがその機能について四千年前の人間よりよく知っていることは確かである。したがって、われわれは精神の力がおよぶ範囲、あるいはおよばぬ範囲について、十分資格のある判定者とはいえないにせよ、未開人より多少はものを語れるはずだ。

未開人が時計を見たら、まるで永久機関みたいに見えて衝撃を受けるだろう。しかし、われわれにとって時計はなじみ深い機械のひとつであり、永久機関は一流の秀才たちがどんなに努力しても作ることのできない機械である。機械を発明して、最初は無限に改良が可能と思われたのに、いまは改良にも限界があるとわかり、その原因もわかっているケースはたくさんある。望遠鏡を最初に改良した人は、反射鏡のサイズを大きくし、筒の長さをのばせばのばすほど、望遠鏡の性能や特長も増していくと思っただろう。しかし、経験が教えてくれたことによれば、望遠鏡のサイズを巨大化して性能の向上を期待しても、それは視界の狭さや、明るさの不足や、大気の影響の拡大によって、望みどおりの結果をもたらさない。

人間は、知識の多くの分野でいろいろ進歩し続けてきた。しかし、ずっと挫折し続けている分野もある。未開人には、その大きな違いが何によるものか、おそらく見当もつかないだろう。われわれは、未開人より経験があるおかげで、その原因について多少の見当がつく。それゆえ、未来に期待できることについて、あるいは少なくとも、未来にも期待できないことについて、未開人よりは正しく判断できる。これはたしかにネガティブな情報ではあるが、しかし、きわめて有益な情報である。

さて、睡眠の必要は、精神よりもむしろ肉体に由来するものと思われるので、精神の改善でこの「いちじるしい弱点」をなくそうと努力する意味がわからない。精神が興奮すると、二晩も三晩も眠らずにすごせるが、肉体の活力はそれに比例して消耗する。そして、健康や体力が減退すると、頭の働きもすぐに悪くなる。したがって、この種の休息の必要をなくそうとする努力は、けっきょく何の進歩にもつながらないとわかる。

精神のエネルギー、利他的な営みなどについて、われわれの知るかぎりでも、さまざまの人間の性格にはそれぞれに顕著な違いがある。そこを見れば、知性の働きが寿命ののびに決定的に関係するかどうか、判断できるはずだ。いままでのところ、その方面での決定的な関係はまだ観察されていない。何をどう配慮しても、人間が不死に近づいていると思わせるような成果はまだひとつも生み出されていないが、しかし、肉体への配慮と精神への配慮を比較すると、前者のほうが後者よりもその方面での効果がありそうに思われる。

適度の食事と適度な運動、そして規則正しい生活を大事にしている人は、知的な作業に没頭してこうした肉体的な欲求をしばしば忘れてしまう人よりも、一般的に健康である。引退して、もはや考えることといえば自分の小さな庭のことばかり、やることといえば毎朝花壇のまわりを歩くだけの人の寿命は、該博な知識と当代の誰よりも明晰な見識をもった学者の寿命と、おそらく大差ないだろう。生命表をちゃんと調べた人の言葉によれば、女は男より平均して寿命が長い。私は、女は知能で劣るというつもりはない。しかし、教育の違いにより、発憤して旺盛に知的活動をおこなう女の数は男ほど多くないと、これはたしかにいえることだと私も思う。

これとか、これと似たような諸例、あるいは範囲をさらに拡げて、過去数千年来、存在したさまざまの人物を眺めても、知的活動によって寿命の長さに決定的な違いが生じた例はない。地上の人間が死ぬということは、もっとも不変の自然の法則として完全に定められたものであり、自然の法則とまったく同一の基礎にもとづくものである。なるほど、宇宙の創造者なら、その力を直接行使して自然の法則をすぐさま、あるいは徐々に変化させるかもしれない。しかし、そういう変化の徴候が見られないのに、また、そういう徴候がまったく存在しないのに、寿命は際限もなくのびていくと仮定するのは、まことに非学問的である。それは、地球の引力がしだいに斥力に変わり、最後には石が上から下に落ちるのではなく下から上に昇っていくようになり、いつかは地球がもっと温暖な太陽に向かって飛んでいく、といった仮定と同じくらい非学問的である。

ゴドウィン氏が際限のない長寿化について述べている章の結論は、たしかに、とても美しく、とても望ましい光景を描いている。しかし、やはり空想だけで描かれ、真実にもとづかずに描かれた風景画にすぎない。だから、自然さと本物らしさだけがあたえうる心底からの興味は呼び起こせないのだ。

私は本章をしめくくる前に、どうしても述べておきたいことがある。すなわち、人間の寿命が無限にのびるというゴドウィン氏やコンドルセ氏の推測は、不死を求める心の願いのきわめて奇妙な一例である。

このお二人は、あの世での永遠の命を絶対に約束する天啓の光明を拒絶した。また、お二人は、あらゆる時代の最高の賢者たちに死んでも魂は残ると教えた自然宗教の光明も拒絶した。しかし、不死という考えは人の心にとてもよく響くので、お二人もそれを自分たちの思想体系から追い払うことができない。唯一可能と思われる不死の形について、お二人は几帳面に疑念をはさんだあげく、自分たちで独自の不死論をつくりあげる。その不死論はあらゆる学問的なルールに完全に反しているばかりでなく、それ自体としてもきわめて偏狭で不公平で不正なものである。

彼らの想像によれば、かつて存在し、これから数千年あるいは数百万年先まで存在するかもしれない高貴で高潔で高尚な精神は、すべて消えてなくなるだろう。そして、この地上で同時に存在できる数を超えない、ごくわずかの人間だけが最終的に不死の栄冠を受けるだろう。もし、このような考えが宗教的な教義として語られたならば、宗教を敵視するひとびと、とりわけゴドウィン氏とコンドルセ氏は、おそらくこの説をあざけり腹をかかえて大笑いするにちがいない。この説は、迷信深い愚考が生んだ神様の言葉であり、それはきわめて幼稚で、バカげていて、お粗末で、みじめで、このうえなく不正で、したがって、神様の名にも値しない、というにちがいない。

二人の推測は、じつに奇妙なものであるが、じつに明瞭に懐疑論の不整合性を証拠だてる。なぜなら、普遍的な経験とは絶対に矛盾する主張を信じることと、何とも矛盾しないが、単にいまのわれわれの観察や知識を超えているだけの主張を信じることとのあいだには、驚くほどの重大な違いがあるとわからせてくれるからだ。*

* 実生活から離れたところまで視野を拡げるとき、われわれは、何かの権威か、憶測か、あるいはまったく曖昧模糊としたフィーリング以外に、頼れるものがないのは明らかである。したがって、私がここで述べたことは、いかなる点でも私が先に述べたことと矛盾しないといいたい。すなわち、過去に類似のものがないような特殊なできごとを期待するのは学問的な姿勢ではない、と私は先に述べた。誰も戻ってきた人がいない彼岸を考えるときは、そういうルールを捨てなければならないけれども、この世で起こると期待されることについては、ちゃんと正しい学問的態度で臨むというルールを捨てるわけにはいかない。しかしながら、私も思うことだが、アナロジーには大きな幅がある。たとえば、人間は自然の法則をたくさん発見した。それならば今後もたくさん発見ができるだろう、と考えるのがアナロジーである。しかし、そのアナロジーによっても、人間が第六感、すなわち、いま観察できる領域を完全に超えた新種の精神的能力を発見するだろうとは考えられない。

われわれをとりまく自然はじつに多様であり、自然がもつ大きなパワーの実例も日々たくさん目に入る。そこで、われわれがまだ知らない自然の形や働きがあるのではないか。それはたぶん今のわれわれの限られた知識で観察しきれないだけなのではないか。そう考えてもおかしくはない。肉体から霊体が離脱するというのも不思議な話ではあるが、その不思議さは、小麦の種から小麦が生えたり、どんぐりから樫の木が出てくる不思議さと、そう変わらないようにも思える。

さて、ここに一人の知的な人物がいるとしよう。彼は、無生物か、あるいはすでに成長し終えたものしか知らず、ものが生まれたり育ったりするプロセスを見たことがないとしよう。そこへ別の人物があらわれて、二つの小さな物体、小麦の種とどんぐりをさしだし、ぜひ、これをよく調べ、分析して、この物体の特性や本質を解明してほしい、という。そして、さらにこう語る。この小さな物体はいかにもつまらないものに見えるかもしれないが、じつはたいへん不思議なパワーを秘めている。選別、結合、配列の能力、さらには創造の能力さえある。地面に埋めておくと、まわりの泥土や湿気から自分に必要なものを選択し、それらを絶妙の感覚と判断力と実行力で結合し、きちんと配列して、美しい形に成長させる。成長した形は、最初に地面に埋められたものとは、あらゆる点で少しも似ていない。

私が仮想したこの知的人物は、そんな話を聞くとひどくためらい、相手にもっと信頼できる権威と、もっと強力な証拠がなければ、そんな奇妙な話はとても信じられないというにちがいない。そんな話よりも、全能の存在の話のほうがまだしも理解しやすいというだろう。全能の存在は、彼が目にするすべてのものの大本にあり、彼もその存在を意識している。その存在は、人間が死んで腐敗するときにも大きな力を働かせ、思考の本質を非物質的なものに、あるいは少なくとも目に見えない形に昇華させ、あの世でより幸せにさせてくれる、という話だ。

われわれの理解からすれば、この二つの話のうち、後者のほうが不利である。そのポイントはただひとつ、前者の奇跡*はすでに何度も目撃されているのに、後者の奇跡はまだ一度も目撃されていない、その差のみである。なるほど、その差はとてつもなく大きいと私も認めるが、つぎのこともまた、たしかに誰もが断言できる。すなわち、神の啓示などをもちださなくとも、霊体が肉体から離脱するというのは、われわれの目には見えない多くの自然の働きのひとつにほかならず、地上における人間の不死にくらべれば、はるかに確実なことである。人間の不死は、その徴候も、それを示唆するものもまったく見られないことがらであるばかりでなく、人間がかつて観察した自然の法則のうちで一番たしかな法則に、それは積極的に矛盾するからである。

＊　種子が発揮する選択、結合、および変形の力はほんとうに奇跡的である。こんなに小さなものがこんなに驚異的な力を備えているとは、誰が想像できるだろうか。私にとっては、全能なる自然の神が、これらの作用においてその力をフルに発揮しながら存在すると考えたほうがはるかに学問的である。この全能の存在にとって、樫の木を作るのは、どんぐりがあってもなくても同じくらい簡単だが、地面に種をまくという準備作業だけ人間にあてがわれる。それは物質に精神をふきこむのに必要な、さまざまの刺激のひとつである。この世は精神を創造し形成する大きな過程であると考えるのは、われわれのまわりの自然現象とも矛盾せず、人生のさまざまなできごととも矛盾せず、人間にとって神の啓示がしだいに顕現することとも矛盾しない考え方である。陶器は、大きな窯《かま》から出てくるとき、どうしても形の悪いものがたくさんある。そういうものは不良品として壊され、捨てられる。形が整い、優雅で、愛らしい陶器だけが全能の創造主の近くの、より幸福な場所に運ばれる。

ここまで、ひとつの話に長々とこだわりすぎたことを、私は最後にもう一度読者のみなさんにおわびしたい。多くの読者は、そんな話はあまりにも不条理で、あまりにもありえない話だから、少しも論ずる必要などないと考えておられるだろう。それは私もわかっている。しかし、正直なところ、ほんとうの学問的精神の持ち主なら、それはありえず、その精神にも反するような話だからこそ、率直な検討をくわえてみせたのである。一見、ありえない話でも、有能で優秀な方々によって示された推論であるから、少なくとも検討には値するだろう。私自身としては、人間の不死の可能性を説く意見がどのようなものであっても、その証拠として挙げられる事実の信頼度に応じて、その説を信じるつもりである。そんなことは絶対にありえないと断言する前に、出された事実を検討するのが、まさしくフェアというものだ。そして、われわれはその検討をとおしてなら、こう結論できるかもしれない。人間の寿命が無限にのびるとの仮説は、樹木が無限に高くなり、ジャガイモが無限に大きくなるとの仮説よりも、理屈が通らない。*

＊ゴドウィン氏は、人間の寿命が無限にのびるという説を、たしかに単なる仮説

として示したといっている。しかし、彼は同時に自分の考えを裏づけるような事実をいくつか挙げているのであるから、当然その事実は誰かによって検討されるものと覚悟すべきである。そして、私がここでおこなおうとしたのが、まさしくそれなのだ。

第十三章

人間をたんに理性のみの存在と考えるゴドウィン氏の誤り――人間は複雑な存在であり、肉体的な欲望が知的な決断を乱す力として働く――強制についてのゴドウィン氏の考え方――人から人へ伝達しえない真理もある

私が検討してきた彼の著作の例の章で、ゴドウィン氏は、人口の原理による平等社会論批判を考察すると述べていた。もうすでにあきらかなように、問題状況の到来はまだ遠い先という彼の考えがそもそも大きな間違いである。その問題は今から数百万年先でなく、三十年、いや三十日以内の話なのだ。人間が不死に近づいているとの仮説も、この問題を緩和するたぐいのものではない。したがって、あの章のうちで批判をしりぞける勢いのありそうな主張は、ただひとつ、男女間の性欲がなくなるという

憶測だけである。しかし、それはかけらほどの証拠もない単なる憶測にすぎないので、控えめにいっても、批判の力は少しも削がれない。もっというなら、その批判だけでゴドウィン氏の平等社会論全体は完全にひっくりかえる。

それでも、私はゴドウィン氏の理論の重要な部分について、ひとつふたつ、さらに観察してみたい。その著『政治的正義』でわれわれを感激させた彼の思想、すなわち人間と社会の性質が大きく改善されるという思想は、合理的に考えれば、ほとんど絶望的なものだということを、もっと明確な観点において示したいからである。

ゴドウィン氏は、人間を知的な存在としてのみ考えすぎている。この誤り、少なくとも私は誤りだと思うのだが、この誤りが彼の著作全体に浸透し、彼の立論全体を危うくしている。人間の自発的な行動はその人がそうしようと考えてそうするのであるが、人間というのは理性的な能力と肉体的な性向が混合した存在であり、そういう人間の考えは、完全に知性のみの存在が抱くような考えとは大きく異なったものになるだろう。

ゴドウィン氏は、健全な推論や真理は適切に伝えられうることを証明しようとして、まず、それをじっさいの場面で検討し、そして、こう付け加える。「おおざっぱに、かつ、じっさいの場面で眺めれば、この命題はこのような形で現れる。厳密に考察しても、それは議論の余地がない。人間は理性的な存在である……」*

* 第一巻第五章、八九頁。

私にいわせれば、それは厳密な考察と呼べるものではなく、このうえなくルーズで、もっとも誤った考え方と呼ぶべきものである。それは、真空状態のなかでの物体の落下速度を計測して、物体はどんな抵抗を受けても真空中と同じように落下すると主張するようなものだ。これはニュートンの思考方法ではない。一般的な命題をそのまま個別的な問題に当てはめるのは正しくない。月は地球をまわり、地球は太陽をまわるが、それは単に距離の二乗に反比例する引力の働きだけによるものではない。一般理論をこうした個別の天体の運動に当てはめるときには、月の場合は太陽の引力、地球の場合は月の引力など、壊乱的な要素を正しく計算に入れる必要がある。この壊乱的な要素をちゃんと計算に入れないで、天体の運行をじっさいに観測すると、理論がまちがっていると証明することになってしまう。

さて、人間の自発的な行動は、もちろんその人がそうしようと心に決めたからそうしたのである。それは私も認める。しかし、人間が心を決めるさいに、彼の肉体的な性向がその壊乱要因になることはないというならば、それは私がこの問題についての正しい理論と考えているものと対立し、あらゆる経験と矛盾する。そこで、問題はたんに、明晰な命題なら人が理解するとか、反論の余地のない説なら確信がえられるといった筋のものではない。人間は、理性的な存在としては、真理をそのまま納得するだろうが、複雑な存在としては、真理に反することをしようと思うかもしれない。飢餓のあまり、酒ほしさのあまり、美女をものにしたいと思うあまり、男は行動に駆りたてられる。その行動の結果は社会に大きな災いをもたらすかもしれないと、男は行為の瞬間にも十分承知していながら、そうしてしまうのである。肉体的な欲望を除去してみなさい。男はたちまち、そんな行動はけっしてしないと決心するはずだ。他人のそういう行動についてどう思うか尋ねてみなさい。男はただちにそれを非難するだろう。しかし、他人事ではなく、自分が肉体的な欲望をもって、そのような環境におかれていれば、複雑な存在としての人間が行う決心は、理性的な存在が行う決心とは異なってくる。

これが問題の正しい見方であり、理論と経験がともにその正しさを証明していると すれば、強制というテーマで、ゴドウィン氏が彼の著作の第七章で述べている考え方はまったくの誤りになる。彼が長々と述べていることによれば、人を殴ることによって、人にものを理解させたり、疑わしい主張を一掃させたりしようとするのは、バカげたやり方である。たしかに、バカげているし野蛮な点で、それは闘鶏と同じだ。しかし、どちらも人間を罰する本当の目的にはほとんど関係がない。われわれは人を罰するときしばしば（じっさいには、あまりにもしばしば）死刑を用いる。ゴドウィン氏は、人の納得をえるために死刑が用いられているとは考えないようだ。少なくとも、そんな形で啓発しても、個人や社会にとって将来の利益がありそうにないと思われている。

人間への刑罰の主たる目的は、まちがいなく、監禁と見せしめである。監禁とは、社会にとって害がありそうな悪習をもつ人物を除去すること。そして、見せしめとは、特定の犯罪にかんする社会共通の感覚と、この犯罪にはこれぐらいの刑罰という近似式を明示することによって、ほかのひとびとに犯罪を思いとどまらせる道徳的な動機を与えることである。

ゴドウィン氏の考えによれば、監禁は一時的な応急措置として許されるが、独房監禁は許されない。しかし、犯罪者を道徳的に改心させるために、独房監禁はこれまで一番よく機能し、しかも、ほとんど唯一の手段であったことは確かだ。ゴドウィン氏がいうには、孤独な生活は利己的な情念を助長し、社会生活は道徳心を育てる。しかし、監獄という社会ではこうした道徳心はけっして生まれない。犯罪者を、有能で有徳なひとびとばかりの監獄に閉じ込めるのであれば、おそらく独房監禁よりは人間が改善されるだろうが、そんな監獄があるだろうか。ゴドウィン氏の優れた才能は、この世の悪を発見するのによく発揮されたが、悪をじっさいにどう改善するかの提言には発揮されない。

たとえば、刑罰はすべて非難される。なるほど、見せしめを派手におこなって恐怖心をあおるような国では、ひとびとはかえって野蛮な残虐さを身につけてしまう。しかし、刑罰の乱用を例に挙げて、それで刑罰の無効性を主張する論法は正しくない。わが国では、殺人犯を見つけるために根気強い努力がなされ、人殺しはかならず罰せられるので、そのことが、一般大衆も口に出していうとおり、人殺しは遅かれ早かれ露見するという気分を生じさせるのに大いに役立つ。そこで人を殺すのは恐ろしいことと考えられるようになり、人は怒りにもえていてもこの恐怖のおかげで復讐のために手にしたナイフを投げ捨てるのである。イタリアでは、人を殺しても聖域に逃げ込めば、しばしばつかまらずにすむので、犯罪はわが国ほどには悪事とされず、したがって発生率も高い。イタリアでも人殺しはかならず罰せられていたら、激情にかられて短剣を使うような人間はかなり少なかっただろう。道徳的な動機の効きめをよく知っている人なら、そのことを一瞬でも疑うはずがない。

法律は犯罪と刑罰の重さを正確に均衡させる、あるいは、そうすることができる、などと主張するのはよほどの愚か者だ。犯罪の動機がそもそも不可解なのであるから、それは絶対に不可能なのである。しかし、それが不可能であることはたしかに一種の不正義といえるかもしれないが、そのことから法律を否定する議論は成り立たない。人間はしばしば二つの悪のどちらかを選ばねばならない。それが人間の運命である。そして、大きな悪を避けることができると考えられる方法が一番であり、その制度を採用するときもそれを理由にすれば十分だ。もちろん、そうした制度をその性質が許すかぎり完全なものにしていくよう、たえず努力はしなければならない。しかし、人間の制度にかんして、欠点を見つけるのはきわめて簡単だが、適切に具体的な改善策を示すのはきわめて難しい。すぐれた才能をもつひとびとが、この難しいほうよりも簡単なほうに時間を割いている。じつに嘆かわしい。

俗にいうとおり、知識のある人間のほうがよく犯罪を起こす。これは、真理は心に伝わるかもしれないが、それが正しい行動として結実するわけではないことを十分に証明している。

また、自然の真理のうちには、けっして人から人へ正しく伝えることができないものもある。たとえば、知性の快楽は肉体の快楽にまさる、というもの。ゴドウィン氏はこれを基本的な真理と考えている。諸事情をすべて考慮するならば、私もそれに賛成すべきだろう。しかし、知性の快楽を味わったこともない人に、私はどうやってこの真理を伝えたらいいのだろうか。目の見えない人に、色彩の性質や美しさを説明しようとするのと同じだ。私がどれほど辛抱強く、熱心で、明快な人間であっても、また何度もくりかえして説明できたとしても、目的にじっさい一歩でも近づけるかどうか、まったく希望を持てそうにない。われわれのあいだに共通の尺度がないからである。私は一歩一歩進むことさえできない。それは絶対的に説明不能の自然の真理だからである。

私はただ、つぎのようにいうしかない。すなわち、いつの時代でも賢人たちはこぞって知性の快楽のほうがはるかに優れているといってきた。そして、私も自分自身の経験から彼らのいうことが完全に正しいと確信する。つまり、肉体の快楽は一時的でむなしく、長く続ければ退屈で嫌になるものだと私は知っている。知性の快楽は、そのたびに新鮮でみずみずしく、長く続けても私の心を喜びで満たし、人生に新しいおもしろみを与え、私の心にしみじみとした平穏をもたらす。

相手が私のこの言葉を信じるとすれば、それは彼が私の権威を尊敬し、崇拝しているような場合だけだろう。しかし、それは軽信であって、確信ではない。私はほんとうの確信を生み出すような性質のことは何もいわなかったし、いうこともできない。それは理屈の問題ではなく、経験の問題だからである。

私に権威がない場合、彼はおそらく私にこう答えるであろう。あなたがいうことは、あなたや他の多くの立派な方々にとっては、まさしく真理なのかもしれない。しかし、私にとっては、そのことについての感じ方がまったく異なる。私もよく本を手にするが、読み始めるとすぐに眠ってしまう。ところが、愉快な仲間や、すてきな女性と楽しく夜をすごせば、私は元気が出て、生き生きとした気分になれるし、ほんとうに生きていることをエンジョイするのだ。

と、このような状況のもとでは、理屈をのべても、議論をしても、成功はのぞめない。ひょっとしたら将来のある日、彼は肉体的な快楽にほんとうに飽きはてるか、もしくは偶然に何かのせいで自分の精神のエネルギーに目覚めるかもしれない。そのときは、四十年間の粘り強い説法でも効果がなかったことが、一ヶ月たたずに効果をあげるかもしれない。

第十四章

政治的真理にかんするゴドウィン氏の五つの命題。それは、彼のすべての基礎であるが、しかし確たるものではない――人口の原理による貧窮のために、人間の悪徳と道徳的な弱さは撲滅できない。それはなぜかという理由を明らかにする――ゴドウィン氏がいう意味での完成可能性は、人間にはあてはまらない――人間がほんとうに完全なものになりうるかどうかの例証

ゴドウィン氏によれば、人間の自発的な行動はその人がそうしようと決めたからそうするのである。そして、氏はこの命題から、政治的真理にかんしてつぎのような帰結を導き出す。もし前章で私が述べた論法が正しければ、これらの帰結も確かなものといえなくなるだろう。

その帰結を列挙すれば、こうである。

「健全な論理と真理は、きちんと人に伝われば、かならず誤りに打ちかつ。
健全な論理と真理は、人に伝えることができる。
真理は全能である。
人間の悪徳と道徳的な弱さは克服不能ではない。
人間は完全なものになりうる。いいかえれば、永遠に改善可能である」

この五つの命題のうち、最初の三つは完全な三段論法になっている。「きちんと人に伝われば」というのが、相手の行動にきちんとした結果をもたらすとの確信を意味するのであれば、大前提は認められても小前提は認められない。そうすると、もちろん「真理は全能である」という結論も崩壊する。また、「きちんと人に伝われば」というのが、たんに理性の力があればできるという確信を意味するのであれば、この大前提は認められない。そして小前提は、その例証が可能な場合にのみ認められるが、結論はやはり崩壊する。第四の命題は、ゴドウィン氏によればその前の命題と少し言い方がちがうだけのものである。だとすれば、前の命題とともに当然これも崩壊するはずだ。しかし、これについては、本書の主眼にかかわることなので、研究してみる価値がありそうだ。われわれは、この世で人間の悪徳と道徳的な弱さを完全に克服することはできないと考えるが、それはなぜかという特別の理由を明らかにしたい。

ゴドウィン氏によれば、人間は、胚として生じた瞬間から受け続ける外界からの影響によって形成されていく生き物である。悪い影響を全然受けないような環境で育てば、そういうところに美徳が存在するかどうかは怪しいにしても、悪徳はたしかに追い払われるだろう。私の理解が正しければ、『政治的正義』でゴドウィン氏が力説しているのは、悪徳と人間の弱さの大部分は政治・社会制度の不正に由来するということである。そして、そういう制度をなくし、人間の知性を発展させれば、この世の中でも悪への誘惑はほとんど、あるいはまったくなくなるだろうという。しかし、すでに証明されたように（少なくとも私はそう思うが）、それはまったく誤った考え方である。そもそも、政治・社会制度がどのようなものであれ、ほとんどの人間は、不変不動の自然の法則により、欠乏やその他の欲望から生じる悪への誘惑にかならず負けることになっている。さらに、ゴドウィン氏による人間の定義によっても、外界からのそういう悪い影響やその重なり合いから、さまざまの悪人がこの世の中で形成されざるをえないのである。

ゴドウィン氏自身の人格形成論によっても、現在のような社会環境のもとで、すべての人間が徳性の高い人間になるというのは、サイコロで百回続けて六の目が出るのと同じくらいありえない。私が思うに、サイコロを続けて投げると、出た目の組み合わせがじつに多様であることは、この世にじつにさまざまの性格の人が存在することのたとえ話として使える。どの人間も、生まれ落ちてから受け続けた外部の影響によって現在のような性格の人間として形成されたからである。そして、このたとえ話からも、例外を一般原則とすることの不合理さが、ある程度わかってもらえるだろう。また、尋常でない組み合わせが頻発するはずもなく、世界史に登場する高潔の士がそこら中にあふれるようになるはずもない。

ゴドウィン氏は、サイコロのたとえ話にはひとつ不適切な点がある、というかもしれない。それは私も承知している。サイコロの場合、その目が出る原因というか、その目が出る確率はつねに同一であるから、それを百回投げて六の目が出る回数がその前に百回投げたときよりも多いと期待できる根拠がない。しかし、人間は、性格を形成する原因に影響をあたえる力をある程度もっている。そこで、善良な人間が形成されると、その人間はかならず影響力を発揮するので、また別の善人が形成されていく可能性が高まる。サイコロの場合は、最初に六の目が出ても、そのおかげで二度目も六の目が出る可能性が高まるわけではない。

なるほど、そういう意味ではサイコロのたとえ話は不適切だ。その批判は私も認めるが、しかし、その批判は部分的にしか正しくない。経験がわれわれにくりかえし教えているように、もっとも徳のある人の影響力も、ひじょうに強力な悪の誘惑にはめったに勝てないのである。たしかに、立派な人物は幾人かに影響をおよぼすだろうが、大多数の人間には何の影響もおよぼさない。ゴドウィン氏は、人間は努力によって悪の誘惑を追い払えるといおうとしたが、もしそれが証明されたなら、私もサイコロのたとえ話はもう持ち出さない。あるいは少なくとも、腕の振り方の上達によって人はいつでも六の目が出せるようになるかもしれないと認めよう。しかし、腕の上手な振り方と同様、他人の性格の形成におよぼす影響の大半は、その人間の意志と絶対的に無関係である。したがって、将来のある段階で美徳と悪徳の割合がどうなるかを計算しようとする試みは、愚挙であり図々しさの極みだが、集団《マス》としての人間の悪徳と道徳的な弱さは克服できないということは、安心して主張してよい。

第五の命題は、前の四つの命題からの全体的な帰結であり、それを支える基盤が崩れたのであるから、当然、それも崩壊する。ゴドウィン氏が理解している意味で、人間が「完全なものになりうる」のは、先の四命題が明白に確証されないかぎり成り立たない。しかしながら、ひとつの意味においては、この命題の言葉もおそらく正しいといえる。すなわち、人間はたえず改善されうるという意味、あるいは、人間が完成の頂点に達したといえる歴史的段階は、過去にもなく、未来にもありえないという意味において、正しいといえるかもしれない。しかし、このことから、人間を改善する努力はそのつど成功するとはいえず、また、人間はたいへん長い時代のあいだには、完成にむかって驚異的な進歩をとげるだろうともいえない。このことからいえるのは、ただ、人間の改善の正確な限界は知りえないということだけである。

この問題には特別に留意して区別すべき点がある、と私には思われる。読者にもぜひそれを思い出してもらいたい。つまり、改善が無限であることと、改善の限界が確定できないことは、本質的に異なる。前者は、人間の本性が現在の法則にもとづくかぎり人間にはあてはまらない。後者はまちがいなくあてはまる。

人間がほんとうに完全なものになりうるかどうかは、私が前に述べた植物の完成の話を例にして明らかにできそうだ。私が思うに、企業心あふれる園芸家の目的は、花の大きさと形の良さと色の美しさを一体として育てることにある。しかし、どれほど成功した改良家でも、自分のカーネーションはあらゆる点で完成の極致に達したと公言する者は、いかにも厚顔だ。彼の花がいくら美しくても、あらたな世話、あらたな土壌、あらたな日照によって、さらに一段と美しくなりうるからである。いや、園芸家自身も、花が完成したと主張するのはナンセンスだと承知しているかもしれない。また、自分の花を現在程度の美しさにする方法は知っている。しかし、同じ方法をさらに力をいれて追求しても、前より美しい花ができるとはかぎらない、と彼は考えるのである。ひとつの美点をのばそうとすると、他の美点を損なうかもしれない。花のサイズを大きくしようとして土に肥料をやりすぎると、花を支える萼《がく》が破れて、たちまち花の均整が壊れるだろう。

思えばフランス革命もそうだった。人間の精神により大きな自由とエネルギーを与えようと肥料をやりすぎたために、社会全体の抑制的な紐帯《ちゅうたい》である人間性という萼《がく》が破れてしまった。個々の花びらは大きく育っても、また、花びらのいくつかは強さと美しさを備えたとしても、いまや社会は全体としてバラバラで、形もいびつで、結束力のない集団となった。この花には、まとまりも、均整も、色彩の調和もない。なでしこやカーネーションの改良であれば、それをキャベツのように大きくするのは絶望的でも、たえず努力することによって、いまより美しい品種をつくりだせるというのは確実に期待できる。ましてや人類にかんして、その幸福をさらに改善していくことの重要性を否定する者はいまい。人類の幸福については、ほんのわずかな進歩でも貴重である。しかし、人類の場合、実験は植物実験のようなわけにはいかない。花の場合、花をささえる萼《がく》が破れてもたいしたことはない。またすぐ別の花で実験が続けられる。しかし、社会の紐帯が破れれば、各部分はそれこそバラバラになり、多くのひとびとに激しい痛みをあたえずにはおかない。そして、その傷が癒えるまで、長い時間がかかり、たくさんの困窮に耐えなければならない。

以上検討してきた五つの命題は、ゴドウィン氏の空想的な理論の礎石にあたるものであり、じっさい、彼の仕事全体の目的と傾向をあらわすものであるから、彼の付随的な理論の多くがいかにすぐれていようと、彼の企てはその大目的においてすでに失敗しているといわざるをえない。人間性の複雑さに由来する難問はべつにしても、人間と社会の完成可能性にたいする主要な反対論は、彼から反論めいた発言があったにせよ、まったくダメージを受けず無傷のままである。私が自分の判断を信ずるかぎり、この反対論は、ゴドウィン氏が理解する広い意味での人間の完成可能性を否定するばかりでなく、一般社会の形態や構造に顕著な変化は起こりえないと断定する。ここで私がいう顕著な変化とは、人類でもっとも数が多く、したがって問題の性質上、人類でもっとも重要な部分である最下層の階級の生活条件が、決定的に大きく改善されることである。

かりに私が千歳まで生き続け、そして自然の法則は同じままだとすれば、歴史の古い国において金持ちたちがいかに犠牲を払い、いかに努力しようと、その社会の下層階級の生活をわずかのあいだでも、三十年前の北アメリカ諸州の一般大衆と同じレベルにすることすらできまい。わたしのこの主張は、経験と矛盾する心配というか、矛盾する望みもなさそうだ。

ヨーロッパの下層階級は、将来、現在よりもよい教育を受けるかもしれない。彼らはわずかなあき時間を、居酒屋ですごすより、もっと有益に用いるよう教えられるかもしれない。今日までのいかなる国よりも、もっと上等で、もっと平等な法律のもとで暮らすようになるかもしれない。さらに、余暇の時間がふえることもけっしてないとはいえない、と私は思う。しかし、子だくさんでも家族を楽に養える絶対の自信があって、だれもが早々と結婚できるほどに、お金や生活資料にゆとりが生じるということは、ものごとの本質においてありえない。

第十五章

あまりにも完全なモデルは、改善にとって有益というより、しばしば有害——ゴドウィン氏の論文「吝嗇と浪費」——社会にとっての必要労働を公平に分割することの不可能——労働批判は現実の弊害を増すだけで、将来の改善にはほとんど、あるいはまったく役立たない——農業労働の量を増やすことはかならず労働者に益をもたらす

ゴドウィン氏はその著『探求者』の序文のなかで、『政治的正義』を書いた後に自分の意見は多少変わったと、ほのめかしている。『政治的正義』は数年前に出たものであるから、私は、著者自身も変える必要があると思った昔の見解を、そのまま批判してきたといえそうだ。しかし、『探求者』の諸論文には、ゴドウィン氏独特の思考様式があいかわらず明瞭にあらわれている。

さて、われわれは何ごとにおいても完全の域に到達することは望めないにせよ、目の前にもっとも完全なモデルがあることは絶対に有益であるという話はよく聞く。これは一見、いかにもひとびとがうなずきそうな言葉だが、しかし、じつは一般的な真理からほど遠いものである。私は、よくありそうなわかりやすい実例においても、その正しさのほどを疑う。

未熟な画家にとって、高度の技でつくられた完璧な絵を模写するのと、輪郭がくっきりとして、塗るべき色もかんたんに見つけられるような絵を模写するのは、どちらが有益なのだろうか。私はどちらともいえないと思う。そのモデルの完全さがわれわれの自然な成長の方向性と異なり、しかもはるかに上質の完全さである場合、われわれはそのモデルにむかってまったく成長できないだけでなく、その完全なモデルに目を留めなかったら達成できたかもしれない成長もそのぶんだけ妨げられる。

高度に知的で、食事とか睡眠のようなつまらぬ欲求をもたない存在は、疑いもなく人間よりもはるかに完成した存在である。人間がそういうモデルを真似ようとしても、とうていその方向には近づけない。そればかりではない。もともと真似ることのできないものを真似しようというバカな努力をすれば、人間は、自分が改善しようとしてきたわずかな知性すら破壊してしまうであろう。

ゴドウィン氏が描き出す社会の形態と構造は、これまでこの世の中に存在したことのある社会とは本質的に異なる。その違いは、食事も睡眠もとらずに生きていける存在と普通の人間との違いにひとしい。現在の形態の社会をどれほど改良しても、彼が描いているような状態へは少しも近づけない。それは平行線上をいくら歩いても、むこうの線には少しも近づけないのと同様である。したがって、問題はこうなる。彼が描く社会の形態をわれわれにとっての北極星として仰げば、人類の改善は前進するのだろうか、それとも後退するのだろうか。ゴドウィン氏は『探求者』所収の論文「吝嗇と浪費」のなかで、この問題について自己矛盾におちいっているように、私には思われる。

アダム・スミス博士によれば、国家も個人と同様、倹約によって富み、浪費によって貧しくなるから、倹約家は国の味方、浪費家は国の敵である。この考え方はきわめて正しい。彼があたえている理由づけも良い。すなわち、収入から貯蓄にまわされた分はかならず資本金に加えられる。したがって、全体として不生産的な労働のために使われていた分が、価値のある商品において自己を実現する労働のために振り向けられるのである。これほどまっとうな考え方はない。

ゴドウィン氏の論文の主題は、一見これと少し似ているが、本質においてまったく異なる。彼は、浪費の害悪をほとんど自明のものと考え、そのうえで吝嗇な人間と収入を使い果たす人間とを比較する。しかし、ゴドウィン氏のいう吝嗇な人間は、アダム・スミス博士のいう倹約家とは性格がまったく異なる。少なくとも国の繁栄への貢献度において、まったく異なる。倹約家は、お金をつくるために自分の収入の一部をとっておき、それを自分の資本に加える。この資本を、彼は彼自身で生産的な労働のために用いるか、あるいは、やはり生産的な労働のためにお金を必要とする他人に貸しあたえる。倹約家は国家に利益をもたらす人間なのだ。なぜなら、国の総資本を増やすからである。また、富を資本として用いる場合には、富を所得として消費するよりも多くの労働が動員されるばかりでなく、より有益な労働が動員されるからである。一方、ゴドウィン氏のいう吝嗇な人間は、その富をタンスの中にしまいこみ、労働を生産的にも不生産的にも動かさない。両者の違いはきわめて本質的であるから、アダム・スミス博士の立場は明らかに正しく、あの論文でゴドウィン氏がとろうと決めた立場は明らかにまちがっていることが、たちまち見えてしまう。労働の賃金にあてられるべき資金がタンスにしまいこまれていることから、現在のような貧乏人の苦境が生じている。ゴドウィン氏もそのことに気づかないわけにはいかなかった。そこで、彼が批判を弱めるためにとった唯一の方策は、平等が発達した幸福状態への接近を促すか否かで、二つの性格を比較することであった。そして、この幸福状態こそ、われわれが視線をさだめるべき北極星なのだ、という。

私が思うに、そういう社会状態が絶対に実現不能であることは、本書の前半ですでに証明したとおりである。では、そういうものをわれわれの導きの星、北極星として、政治的な未知の大海に船出すれば、どんな結果が待っているだろうか。われわれはただ、たえざる逆風、何度やってもムダな骨折り、たびたびの難破、そして確実な困窮しか期待できない。それがものの道理だろう。われわれは社会の完成形とされるものに、じっさいには少しも近づけない。いや、それだけではすまない。前進が不可能な方向をめざしているうちに体力も気力も衰え、何度も失敗をくりかえすと必然的に困窮も常態化し、ほんとうなら達成可能なレベルの社会改良さえできなくなってしまう。

すでに明らかなように、ゴドウィン氏のシステムにしたがって形成される社会は、避けがたい人間の本性の法則によって悪化し、資産家階級と労働者階級に分かれざるをえない。利己心ではなく博愛が社会を動かす原理になれば、その美しい名前から期待されるような幸せな結果は生じずに、いまは一部の人だけが感じている欠乏の重圧を社会全体が感じるようになる。人間の気高い才能が開花し、微妙で繊細な感受性がさらに向上するのは、じつは確固たる所有の制度のおかげであり、一見いかにも偏狭な利己心という原理のおかげなのである。じっさい、文明国が未開状態と区別されるのも、すべて所有の制度と利己心のおかげなのである。文明人は、現在の高みへ登ってくるときに用いたハシゴを、もはや不要として投げ捨ててよい段階に達しているといえるだろうか、あるいはやがて達するといえるだろうか。人間の性質は、けっしてそういえるほどには変化していない。

いずれの社会も、未開の段階をこえて成長すると、かならず資産家階級と労働者階級*が存在するようになる。そして、労働者階級の唯一の財産は労働であるから、この労働という財産の価値を減ずるようなことはすべて、この社会階級の所有物を減らすことにつながるのは明らかだ。貧乏人が自立して、自分で自分の身を支える唯一の方法は、自分の肉体の力を発揮することである。肉体の力だけが、生活必需品をえるために彼がさしだせる唯一の商品である。もしもわれわれが、この商品の市場を縮小し、労働の需要を減らし、貧乏人がもっている唯一の財産の価値を低下させたら、それは彼にとって少しもありがたくないだろう。

＊本書の主張の力点は、資産家階級と労働者階級の存在の必然性を立証することである。しかし、現在のような財産のはなはだしい不平等の存在は必然であるとか、社会的に有用であるなどと主張するものではけっしてない。そこをきちんと読み取っていただきたい。財産の不平等は、まさしく悪としてとらえるべきものであり、不平等を助長する制度はすべて本質的に粗悪で拙劣な制度である。しかし、財産の不平等を抑制するために政府が積極的に介入することは、社会のためになるかどうか、それは疑問である。アダム・スミス博士やフランスのエコノミストたちが採用している完全な自由放任のシステムを、何らかの規制のシステムに交換すると、おそらくまずい結果になるだろう。

おそらくゴドウィン氏は、交換や売買のシステムはすべて不正で邪悪な取り引きだというだろう。もし本当に貧乏人を救ってやりたいのであれば、貧乏人の労働の一部を自分が引き受けるか、もしくは、これといった代償を求めずにお金を与えるべきだ、というのである。

彼が提案した方法のうち、最初のものについてはこう答えよう。たとえ金持ちがそんな方法で貧乏人を助けようとしても、その援助のありがたみはどちらかといえば些細なものだ。金持ちは自分のことを大した人間だと思っていても、貧乏人と比べれば数の点では大したことない。だから、貧乏人の負担を引き受けても、それは負担全体のほんの一部分を減らすだけだろう。奢侈品の生産に雇われている労働者の全員を、生活必需品の生産に組み入れるとしたら、また、こうした必要労働を全員で仲よく分担できるとしたら、たしかに各人の負担は前と比べて軽減するかもしれない。しかし、仲よく分担するというのは望ましいことであるが、それをどう実現するかという具体的な方策＊については、私はさっぱり思いつけない。これはすでに示したことだが、ゴドウィン氏が描くような厳密に公平な正義に導かれて、博愛の精神が旺盛に発揮されると、それはおそらく全人類を欠乏と貧困に陥れるだろう。もし資産家が自分の取り分はごくわずかにし、残りはすべて貧乏人に与え、しかも見返りの仕事は求めないとしたら、その結果はどうなるだろうか。いうまでもなく、そういうやり方が現在のような社会状態のもとで一般化したら、ひとびとのあいだに怠惰と悪徳がうまれるだろう。そして、奢侈品をつくる労働ばかりでなく土地の生産物も減少するという大きな危険も生じるだろう。問題はそれにとどまらない。もうひとつ大きな問題がある。

＊ゴドウィン氏は具体的な方策にはほとんど興味がないようである。しかし、私はいいたい。いまの社会の醜さと新しい社会の美しさを長々といいたてるだけで、その新しい社会への移行を促進する方策、それもすぐに適用できる具体的な方策をまったく示さない人より、かっこうは悪くとも達成可能な方策を示してくれる人のほうが、人類にはるかに大きな恩恵をもたらす。

すでに明らかなように、人口の原理により、十分な供給をうける人数よりも供給を必要としている人数のほうがかならず多い。金持ちのお余りで養える人数が三人だとしても、それを欲しがる人数は四人だったりするのだ。この四人から三人を選ぶと、金持ちは選んだ三人にいわば大きな恩を授けたことになる。選ばれた三人もこの金持ちに大きな義理を感じ、自分たちは金持ちに養ってもらっていると思うにちがいない。

金持ちは自分の権力を感じ、貧乏人は自分の従属を感じるだろう。この二つの考え方がいずれも人間の心に悪い影響をおよぼすことはよく知られている。過重な労働がよくないことについては、私もゴドウィン氏とまったく同意見だが、しかし、それでも私が思うに、従属に比べればまだしも害は少なく、人の心を堕落させるおそれも少ない。また、われわれが学んだすべての歴史がしっかりと示してくれるように、不動の権力をゆだねられた人間の心は荒廃しやすいのである。

現在の社会においては、そして、とくに労働が必要とされる場合においては、私のために一日の労働をしてくれる人に私は感謝を覚えるが、彼もまた私に対して同量の感謝を覚える。なぜなら、私は彼が必要とするものを持ち、彼は私が必要とするものを持つからである。われわれはなかよく交換する。貧乏人は自覚した独立心をもち、胸を張って歩く。彼を雇う人間も、権力の精神によって心を汚されることがない。

三、四百年前、イングランドは現在に比べて、たしかに人口のわりに労働が少なかったが、従属ははるかに一般的だった。製造業の導入によって、貧乏人は領主があたえる食糧と交換に提供できるものを持てるようになり、領主の施しに頼らなくてもよくなった。そういうことがなかったならば、われわれは今日享受しているような市民的自由をも持ちえなかったであろう。商工業を敵視するひとびとさえ、また、私自身も商工業にべったりの立場ではないが、イングランドへのそれらの導入が市民的自由の到来を伴ったことは認めざるをえない。

これまで述べてきたことは、博愛の原理をわずかにでも軽んじようというものではない。博愛は、人の心のもっとも尊く、もっとも神々しい性質のひとつである。博愛は、おそらく利己心から生じ、徐々に発達し、やがて一般法則として作用するようになった。その穏やかな使命は、生みの親である利己心の歪んだ部分をなおし、とげとげしさをなくし、こまかな凹凸を平らにすることである。似たようなことはあらゆる自然の営みにも見られる。少なくともわれわれにとって、あらゆる自然法則はかならず部分的な害悪を生み出さずにはおかないように思われる。しかし同時に、これもしばしば観察されることだが、自然界では何かのありがたいおめぐみがべつの一般法則として働いて、最初のアンバランスを是正するのである。

博愛の本来の役目は、利己心から生じる部分的な害悪をやわらげることであるが、利己心にとってかわることはできない。自分の行動が絶対に一般の利益にかなうと確信できないかぎり行動してはならないといわれると、賢明な人はあきれて困惑し、何をするのもためらうようになるだろう。逆に、そうでない人はあいかわらず愚劣な間違いを犯し続けるであろう。

さて、ゴドウィン氏は、貧乏人を雇用するのはすべて悪いことのようにいい、農業に必要な労働をすべての労働者階級に公平に割り当てる具体的な方針などまったく示さない。どうやら現実の悪をほとんどそのままにして、達成不能な善を追求しているようである。貧乏人を雇用する人はみな、貧乏人の敵であり、貧乏人の苦しみをつのらせると考えるべきなのだろうか。同じ理屈だが、自分の所得を使用する金持ちよりも、金を使いたがらないケチな金持ちのほうが社会にとって好ましいのだろうか。もしそうだとすれば、いま自分の所得を消費している多くの人は、社会のために守銭奴に変身するほうがよいことになる。かりに、いま十万人の金持ちがそれぞれ十人の使用人を雇っているとしよう。金持ちが自分の富をしまいこみ、とにかく金を使うのをやめたらどうなるか。当然のことながら、百万人の各種の労働者があらゆる職場から完全に放り出される。そういうことがいまこの社会で起こったら大変な貧困が発生する。それはゴドウィン氏自身も認めないわけにはいかないだろう。そこで私はゴドウィン氏に問いたい。はたしてそういう行為は、自分の所得を使用するという行為よりも、「人間がみんな人間らしく生きられる世界をつくる」ことにつながるといえるだろうか。

しかし、ゴドウィン氏もこう反論する。守銭奴はじっさいに何もしまいこみはしない。論点が正しく理解されていない。富の真の発展とか富の本質の正しい定義がわかっていないと話が明確にならない。そう述べて、彼は富をきわめて正しくこう定義する。富とは、人間の労働によって産み育てられた種々の商品である。そして、彼がいうには、守銭奴は小麦も牛も衣服も家屋もしまいこんだりしない。たしかに、そういう物がしまいこまれるわけではないけれども、しかし、そういう物を生産する力はしまいこまれるのである。それは事実上、同じことなのだ。なるほど、そういう物はいつの時代でも使用され、消費されるけれども、守銭奴たちの消費量はほとんど乞食と同じレベルである。自分の富を使って土地を開墾し、牛を繁殖させ、より多くの服の仕立屋を雇い、もっとたくさんの家を建てることに比べれば、その差は著しい。かりに、しばらくのあいだ、守銭奴の行為がじっさいの有用な生産をまったく阻害しないと想定しても、職場から放り出されたひとびとは、社会が生産した食物や衣服のうちから、自分の正当な分け前を受け取るのに必要な特許証をどうやって入手できるのだろうか。まさしくこれが克服しがたい難点なのである。

ゴドウィン氏がいうとおり、この世の中では、じっさい必要以上に人は働かされている。社会の下層階級が一日六時間か七時間しか働かないとそろって同意しても、人間が幸せに暮らすのに必要な商品は現在とそう変わらないくらい豊富に生産されるだろう。このゴドウィン氏の説を、私は喜んで聞き入れたい。しかし、そういうことに下層階級がそろって同意するとは、とても考えられない。人口の原理により、あるひとびとはかならず他のひとびとより困窮する。大家族をかかえるひとびとは、当然、より多くの食糧を必要とするので、それを得るため他の人より二時間ぐらい余計な労働を交換に差し出したがるだろう。彼らがすすんでしたがるその交換をどうして妨げられるだろうか。自分の労働を自分が自由に使うことにたいし、法律などを設けて積極的に干渉しようとするのは、人間が持つもっとも基本的で、もっとも神聖な所有権を侵害することになる。

したがって、社会にとっての必要労働を公平に配分するなんらかの具体的な方策をゴドウィン氏が示さないかぎり、彼による労働批判は、それを喜んで聞きたがる人がいるとはいえ、じっさいには現実の弊害を増すだけである。彼が自分の北極星だという豊かな平等状態にはけっして近づけない。彼の考えによれば、人類はこの平等状態を指針として、自らの活動の性質や方向性を決めるべきなのだ。しかし、そういう北極星に導かれる船乗りには難破の危険がある。

一般的に、富を国家のため、とくに下層階級のために有益に用いる方法としては、農場経営者にとって耕作のコストに見合わない土地を改良して、その生産性を上げるのがおそらく一番の良策だろう。貧乏人を狭い意味での奢侈品づくりに使う人より、そういう土地改良のために使う人のほうがはるかに立派であり、かつ有用である。もしゴドウィン氏が得意の熱弁を、こういう主張のためにふるったのであれば、有識者はこぞって彼の努力を賞賛したにちがいない。農業労働の需要が増えれば、貧乏人の生活もかならず向上する。この種の労働が増えれば、貧乏人は同じお金を得るのにこれまで八時間働いていたのを十時間働かねばならないという風にはならず、まさにその逆が事実となる。そして、妻子を養うためにこれまで八時間働いていた労働者は、これからは六時間の労働ですむことになる。

奢侈品をつくる労働でも、その国の生産物を分配するのに有用であるが、それは財産の所有者に権力をあたえて堕落させ、労働者に依存心をあたえて堕落させる。そして、もちろん、貧乏人の生活向上の面でも、同等のよい結果はもたらさない。製造業の労働が増えると、たしかにそれは農業労働の需要の増加がもたらすもの以上に労働の価格の上昇につながる。しかし、その国の食物の量がそれに比例して増えるわけではないから、貧乏人にとってのありがたみは一時的なものでしかない。食料品の価格も労働の価格に比例して上昇せざるをえないからである。この点にかんして、私はアダム・スミス博士の『国富論』の一部分にどうしても若干異論があるといわざるをえないのである。とはいえ、政治の領域できわめて正当にも名声をえているお方に異議を唱えるのは、まことに恐縮のいたりである。

第十六章

アダム・スミス博士は、社会の収入やストックの増加をすべて、労働の賃金にあてられる資金の増加とみなす点で誤っているのではなかろうか——国が豊かになっても、貧しい労働者の生活が良くならない実例——イングランドでは富が増大したが、労働の賃金にあてられる資金はそれに比例して増加しなかった——中国の貧民の生活は、工業で国を豊かにしても改善されない

アダム・スミス博士は、国の豊かさの本質と原因について研究したと自分では述べている。しかし、彼の著作にはもうひとつ別の、そしておそらく一段と興味深い研究が、ときどき混在する。それは、国民に幸福をもたらす原因、あるいはどこの国でも最大多数の階級である社会の下層階級に幸福と安楽をもたらす原因についての研究で

ある。このふたつの研究が近い関係にあることは私も十分承知している。なるほど一般的にいえば、国をますます豊かにする原因は、その国の下層階級をますます幸福にする原因になりうる。しかし、アダム・スミス博士はこのふたつの研究を、実態以上に密接に関係づけているのではなかろうか。少なくとも彼は、社会の富（富の定義は彼にしたがう）が増大した一方で労働者階級の暮らしは楽にならなかった事例にほとんど留意しない。私はここで、人間にとって幸福とは何か、という哲学談義に入るつもりはない。ただ誰もが認めるふたつの要素についてのみ考察したい。ひとつは健康、もうひとつは生活必需品と生活便宜品がそろっていることである。

貧しい労働者の生活向上は、労働の賃金にあてられる資金の増加に依存し、その増加の速度に比例する。これはほとんど、あるいはまったく疑念の余地のない事実である。資金の増加は労働の需要を生み、市場での競争をつくりだし、必然的に賃金を上昇させずにはおかない。追加されるべき新しい働き手が育ち上がるまでは、増加した資金は以前と同じ数の人間に分配されるので、労働者はみんな、前よりも生活が楽になるだろう。ところが、アダム・スミス博士は、社会の収入やストックの増加をすべてこうした資金の増加とみなす点で誤っているのではなかろうか。たしかに、社会のストックや収入の増加分は、それを所有する個人がさらに多くの労働の賃金にあてる追加的な資金とされる。しかし、社会のストックや収入が全部、あるいは少なくともその大部分がそれ相応の食糧の購入にあてられないかぎり、それは追加的な労働者を養い育てるためのほんとうに有効な資金とはならないだろう。また、この増加がたんに労働の生産物の増加にすぎず、土地の生産物の増加でない場合、この増加分が食糧に代わることはない。つまり、社会のストックで雇用しうる人間の数と、その土地が養いうる人間の数とのあいだに、はっきりとした差が生じるのである。

一例をあげて説明しよう。アダム・スミス博士は、国の豊かさはその土地と労働の年々の生産物からなると定義する。ここでいう生産物には、製造業による生産物と土地による生産物が含まれるわけである。いま、かりに一国が数年間、その年々の収入から貯蓄した分をもっぱら工業資本にのみ充当し、土地の改良などに用いないとすれば、先の定義により、この国はますます豊かになってはいくものの、より多くの労働者を養う力は備わらない。したがって、じっさいに労働の賃金にあてられる資金は増えない。それにもかかわらず、個々の製造業者は自分が持っている、あるいは持っていると思っている力で、商売を拡大したり、新しい工場をつくったりするため、そこから労働の需要が生まれるだろう。この需要はもちろん賃金を上昇させる。しかし、その国の食糧のストックが年々増加しないのであれば、食糧の価格はかならず高騰せざるをえないため、賃金の上昇は名目的なものにすぎないことがすぐに露呈するだろう。製造業の労働者にたいする需要の高まりは、じっさい、多くの労働者を農業から離れさせるので、土地の生産高は年々下落するだろう。とはいえ、そうした下落傾向は農機具の改良によって埋め合わせられ、食糧の量は前と変わらないとも想定される。製造業のほうも、機械の改良がもちろん進み、その上、製造業に雇用される働き手の数が増えるので、その国の労働の生産物は全体として年々著しく増大することになる。したがって、定義により、その国の豊かさは毎年増大するであろう。そして、おそらく、その増加はけっして緩慢なものではない。

そこで問題は、国がこういう形で豊かになれば、貧しい労働者の生活もよくなるかどうか、である。食糧のストックが以前と変わらぬままであれば、賃金が全体として上昇しても、それが名目的な上昇にすぎないことは自明の話である。食糧の価格の高騰がすぐ後に続くからだ。したがって、賃金が上昇する場合を想定しても、それによって貧しい労働者が以前より生活必需品や生活便宜品をそろえることができるようになるかというと、それはほとんど、あるいはまったくありえないのである。その点にかんしては、彼らの状態は以前とほとんど変わらない。その他の点にかんしては、むしろ悪化する。製造業に雇用される労働者が増え、その結果、農業に雇用される労働者は減っていくからである。誰もが認めることだと思うが、この職業の転換は、幸福の重要な要素である健康にとってきわめてよくない。しかも、製造業の労働は、ひとびとの嗜好とか、戦争の勃発とか、その他のことがらに左右され、農業労働よりははるかに不安定である。

たしかに、食品の価格が高騰すれば、すぐさま農業方面にも追加資本が向けられるから、私が想定したようなことは起こりえないという人がいるかもしれない。しかし、その人がいうようなことはすぐさま起きるわけではない。食糧の高騰よりも先に賃金が上昇し、したがって、土地の生産物の価値増大が農業に好影響をもたらす流れもそのせいで遅れる点に注目すべきである。

また、その国の追加資本で外国からの食糧輸入が可能になるという人もいるだろう。その国のストックで雇用しうる労働は、これによって十分養えるというのだ。なるほど、オランダのように、小国ながら大きな商船隊と大規模な国内の運搬施設を備えた国なら、食糧を必要な分だけ輸入し、国内に配分できるかもしれない。しかし、その方面の条件にめぐまれていない大国がそういう輸入や配分をおこなうと、食糧の価格は非常に高いものとならざるをえない。

以上のような例は、私が想定したとおりの形でじっさいに起こったわけではない。しかし、かなり似たような実例を探すのは、さほど骨の折れる作業ではないはずだ。事実、［名誉］革命以後のイングランド自身が、この問題の論点を驚くほど明瞭に解説してくれる、と私はかたく信じる。

たしかに、この国の商業は、対内・対外いずれも前世紀のあいだに急速に発達した。この国の土地と労働の年々の生産物は、ヨーロッパ市場での交換価値が非常に大きく増大したのも事実である。しかし、よく調べてみると、その増大は主として労働の生産物についていえることであって、土地の生産物についてではない。したがって、この国は急速に豊かになったのだけれども、労働の賃金にあてられる有効な資金はごくゆるやかにしか増大しなかった。そして、それは案の定の結果になる。国の豊かさが増大しても、貧しい労働者の生活の改善にはほとんど、あるいはまったくつながらなかった。私が思うに、彼らは生活必需品も生活便宜品も十分にそろえられないままだ。革命の時代よりもはるかに多くの者が製造業に雇用されるようになり、そして、狭くて不衛生な部屋にぎゅうぎゅう詰めで暮らしているのである。

イングランドの人口は名誉革命のときから減少してきたとプライス博士は述べているが、もしそれが正しいとすれば、全般的に豊かさが増大しても、労働の賃金にあてられる有効な資金は減少していったのだと思われる。なぜなら、もし労働の賃金にあてられる有効な資金が増大していたら、すなわち、もしその国の土地でより多くの労働者が養えて、その国のストックでより多くの労働者が雇用できるのであれば、プライス博士が例に挙げているような戦争があっても、労働者は急速にその数を増やし続けるであろう。これはほとんど一般法則だといってよかろう。したがって、どの国であれ、人口が停滞ないし減少しているときには、たとえその国の工業製品の面での豊かさが増進していても、その労働の賃金にあてられる有効な資金が増大しているはずはないのである。それはまず間違いない話だと思う。

しかしながら、イングランドの人口が革命以後は減少してきたとは考えにくい。むしろ、あらゆる証拠が示しているのは、人口は増加してもその速度がきわめて緩慢だったということなのである。この問題にかんする論争においては、プライス博士が彼の論敵よりも問題をはっきりと把握し、より正確な情報にも通じていることはたしかである。単純にこの論争だけから判断すれば、プライス博士のほうがハウレット氏よりもすぐれた論証をおこなっているといえるだろう。真理はおそらく両者の中間にある。すなわち、革命以後の人口増加は、豊かさの増大よりもはるかにゆっくりと進んだということである。

土地の生産物は減少したとか、前世紀中は完全に停滞していたとは、ほとんど誰も思わないだろう。たしかに、共有地や荒野の囲い込みはこの国の食糧を増加させるはずのものである。しかし、じっさいにおこなわれた囲い込みはしばしば逆の結果をもたらした。以前は大量の小麦を生産していた広大な土地が牧草地に変えられ、囲い込み以前よりも少ない人手しか雇わなくなり、より少ない人口しか養えなくなった。これは絶対に確かなこととされてきた。土壌の質を同一とすれば、牧草地は小麦畑よりも人間の食糧を生産する量が少ない。これも一般に認められている真実である。また、上質の食肉の需要が高まり、その結果、食肉の価格が上昇したために、良質の土地が年々ますます牧草地に転用されるようになった。もし、これがたしかにいえることであれば、そうした状況下で生じる食糧の減少は、荒野の囲い込みや畜産技術の改良がもたらす恩恵を帳消しにしたといえるだろう。

食肉が、昔は安く今は高くなったのは、けっして供給量が昔は多かったのに今は少なくなったからではない。それは家畜を市場に出すための費用が、昔と今では異なるからである。これはとくに説明を要する話ではない。たしかに、この国の家畜の数は今より百年前のほうが多かったといえるかもしれないが、市場に出される上質の肉の量は、あきらかに昔より今のほうが多い。食肉の価格が非常に安かった時代、家畜はもっぱら荒野で飼育されていたのだ。そして、いくつかの大きな市場に出すものを除けば、家畜はほとんど肥らせる手間も加えられず、そのまま屠畜されていた。いまでも、ずっと田舎のほうでは子牛の肉が安く買えるけれども、子牛の肉といってもそれは名ばかりで、肉質はロンドンで買うものとは大違いである。昔は、食肉の価格は安すぎて、耕作に適した土地で家畜を飼うのはとても引き合う話ではなかった。まして、わざわざ餌をやって育てる者はめったにいなかった。しかし、現在の価格なら、最良の土地で家畜を肥らせても採算がとれるばかりでなく、穀物が豊かに収穫できる土地でさえ、家畜の飼育のために転用してもおかしくないほどになったのである。

屠畜された家畜の数が、というか、その総重量が同じであっても、時代が異なれば、（嫌な言い方だが）家畜の飼育のために消費された人間の食糧の量もかなり異なる。肥らされた牛は、フランスのエコノミストの用語を借りれば、ある点で不生産的労働者にたとえられる。すなわち、自分が消費した粗生産物の価値を少しも増やしていない点だ。現在の牧畜のシステムは、昔のシステム以上に、この国の土地の全体的な豊かさにくらべて、人間の食糧の量を減少させていることは疑いない。

といっても、私はけっして、昔のシステムが存続可能だとか、存続させるべきだといいたいわけではない。食肉の価格の上昇は、耕作の全般的な進歩の、自然で必然的な結果である。しかし現在、上等な食肉の需要が高まり、したがって、良質の土地がその生産のために年々ますます転用されるようになった。加えて、多数の馬が娯楽のために保有されるようになった。こうしたことが主たる阻害要因となって、この国の食物の量は、土壌の質の全般的な向上と同じテンポで増えることができないのである。私はどうしてもそう思わずにはいられない。こうした方面での習慣が変われば、この国の食糧の量にも顕著な変化が生じ、したがって、この国の人口にもきっと大きな影響があらわれるはずである。

もっとも肥沃な耕地が牧畜のために使われ、さらに、農機具が改良され、大農場が増大し、そしてとくに、王国全体で小農家の数が減少している。以上を総合すると、こういえる。すなわち、いま農業労働に従事している人間の数は、おそらく革命時代ほどには多くない。したがって、人口がどれだけ増えたとしても、そのほとんどは製造業に雇用されているに違いない。しかし、製造業は流行に左右されやすい。じっさい、絹がすたれてモスリンが流行ったり、靴もバックルとか金属ボタンでなく靴紐や隠しボタンでとめるようになったりしただけで、いくつかの製造業が破産した。そのうえに、同業組合法や教区救貧法が［業種や居住地の移動を禁じたりして］労働市場に制限を加えたので、しばしば数千人の労働者が失業し、慈善事業にすがるようになった。これもよく知られる事実である。

救貧税が急激に高くなったのは、貧乏人が生活必需品や生活便宜品すらそろえられなくなっていることの証左でもある。こういう点で彼らの生活は良くなっているどころか、むしろ悪くなっていると考えられるし、加えて、彼らの大半が大工場で働くようになったが、大工場は健康的にも道徳的にも良くない環境である。このことから、国は近年ますます豊かになったけれども、それは貧しい労働者の幸福を少しも増大させるものではなかったといわねばならない。

国のストックや収入が増大しても、それがただちに労働の賃金にあてられる現実的な資金を増大させるとは考えられない。したがって、貧乏人の生活を向上させる結果にもつながらないのである。このことは話を中国にあてはめると、きわめて明瞭に見えてくる。

中国は、その法律や制度の枠内でも長いあいだ富み栄えてきたようだが、もし法律や制度が変わり、対外交易が重視されるようになれば、さらに一段と豊かになるだろう、とアダム・スミス博士は見ている。ならば、私はこう問いたい。つまり、国の豊かさが増せば、労働の賃金にあてられる資金もじっさいに増すだろうか。中国の下層民衆の生活をもっと豊かにするだろうか。

もし中国で商業や貿易が大いに栄誉あることとされるならば、労働人口の多さと賃金の安さのおかげで、外国に売るための工業製品を大量に作るようになるにちがいない。しかし、中国にはそもそも大量の食物があり、かつ領土も広大であるから、大量輸出の見返りに大量輸入をおこなっても、それは国の年々の食物のストックにさほど顕著な増加をもたらさないだろう。これもまずまちがいない。とすれば、中国は大量に生産した工業製品を、もっぱら世界各国から集まってくる奢侈品と交換することになる。現に、食糧生産の労働はいささかも節約されていないようである。

この国の人口は、そのストックで雇用しうる人数以上に多く、したがって労働はきわめて豊富だから、労働を節約する必要はまったくない。その結果、この国では土地の生産力の限界まで食物が生産されているようである。労働を節約すれば、個々の農場経営者はより安価な穀物を市場に持ち込むことができるようになるかもしれないが、全体としては生産量が増えず、むしろ減少していくだろう。したがって、農業における労働の節約は、ある点で、私的には有益でも公的には無益だと考えてよい。これも一般に認められることである。

中国で、外国貿易のために工業化をすすめようと巨額の資本が用いられる場合、どうしても多くの労働者を農業から引き離さねばならない。それは現在の状態を変化させ、国の生産をある程度減少させることになる。工業労働者にたいする需要は、当然ながら労働の賃金を上昇させるが、食糧の量は増えないので、食品の価格も同じペースで上昇するだろう。いや、じっさいに食料品の量が減少することになれば、その価格はさらに速いテンポで上昇するだろう。

工業化がすすめば、たしかに国は豊かになる。国の土地と労働の、年々の生産物の交換価値は、年々増加していくだろう。しかし、労働の賃金にあてられる資金は増加せず、むしろ減少する。その結果、国の豊かさが増しても、貧乏人の暮らしは良くならず、むしろ悪くなるだろう。貧乏人は、生活必需品や生活便宜品をそろえることにかんしても、以前と同じままか、あるいはむしろ劣悪な状態に追い込まれる。そして、貧乏人は大部分が、健康的な農業労働を離れて、不健康な工場労働に従事するようになってしまうのである。

この議論は、中国にあてはめてみると、おそらく一段と明瞭になる。なぜなら、一般に認められるように、中国の豊かさは長く停滞したままだからである。ほかの国であれば、二つの時代を比較して、豊かさの発展の速度が速かったのはどちらの時代かといった問題で、いつも議論が分かれる。速度が問題になるのは、貧乏人の生活状態はその時代の豊かさの発展速度に依存すると、アダム・スミス博士が述べているからである。

しかし、二つの国があって、それぞれの年々の土地と労働の生産物は、その交換価値がまったく同じ速度で増加している場合を考えてみよう。ただし、一方は農業を主とする国、他方は商業を主とする国だとする。さて、労働の賃金にあてられる資金、つまり、豊かさの発展の成果は、両国間できわめて大きな差が生じるだろう。農業を主とする国では、貧乏人でも生活は豊かであり、人口も急速に増加していく。商業を主とする国では、貧乏人は国の豊かさの恩恵にほとんどあずからず、したがって、人口も緩慢にしか増加しない。

第十七章

国の豊かさの正しい定義について――製造業の労働はすべて不生産的だというフランスのエコノミストの理屈と、その誤り――職人および製造業者の労働は個人にとっては生産的だが、国家にとってはそうではない――プライス博士の二巻本『観察記』の注目すべき一節――プライス博士は、アメリカ人の幸福と急速な人口増加を主としてその文明の特殊さに結びつけているが、それは誤っている――社会の改善の前途に横たわる困難に目をとじるのは何の益ももたらさない

ここで当然、ひとつの問題が浮かび上がってくる。すなわち、「アダム・スミスがいうように」国の豊かさは、土地と労働の年々の生産物の交換価値によって定義されるものなのか、それとも、フランスのエコノミストがいうように、土地の総生産物のこ

とであるとするほうがより正しい定義なのか。

フランスのエコノミストの定義によると、国が豊かになればかならず労働の賃金にあてられる資金も増加し、その結果、貧しい労働者の生活が改善される傾向がかならず生じる。しかし、アダム・スミス博士の定義にしたがえば、国が豊かになってもそれはけっしてまったく同じ傾向を生じさせるものではない。とはいえ、このことから、アダム・スミス博士の定義はまちがいだという結論にはならない。［フランスのエコノミストの説にしたがって］国民全体の衣服や住居を彼らの収入から除外することは、多くの点で不適切であろう。たしかに、国の食料の大事さに比べれば、その多くはたいして価値のない、取るに足らぬものであるけれども、それでもやはり国の収入の一部をなすものだと考えるのが正しい。したがって、私がアダム・スミス博士と意見を異にするのは、ただつぎの一点のみである。すなわち、社会の収入やストックの増大はすべてそのまま労働の賃金にあてられる資金の増大につながり、その結果、かならず貧乏人の生活改善につながると彼はいう。私はそれには同意できない。

豊かな国の美しい絹、木綿、レース、その他の装飾的なぜいたく品は、その国の年々の生産物の交換価値をいちじるしく増大させるが、社会の幸福の量の増大にはほとんどつながらない。そこで、われわれは生産物のほんとうの効用を眺めることによって、さまざまな種類の労働がそれぞれ生産的であるか、不生産的であるかを判別しなければならないと私は考える。

フランス・エコノミストは、製造業に用いられる労働はすべて不生産的だという。土地に用いられる労働に比べるなら、それはそうだろうと私も完全に同意したくなる。しかし、その理由は彼らがいうものと異なる。土地に用いられる労働は生産的であると彼らがいうとき、その理由は、生産物が労働者と農場経営者への報酬のみならず、地主への地代まで、それでまかなえるほどだからである。そして、レース製造の労働は不生産的であると彼らがいうのは、その生産物はたんに労働者が消費した食糧と雇用者が出した資金を埋め合わせるにとどまり、地代をまかなう余裕などまったくないからである。ならば、レースの出来映えがよくて、その価値は労働者と雇用主への報酬を完全に満たすのみならず、第三者へ地代を支払うことができるほどだったらどうだろう。私の考えでは、そういう労働でも土地に用いられる労働に比べれば、やはり不生産的なのである。フランス・エコノミストの理屈にしたがうなら、この場合のレース製造労働者は生産的な労働者になるはずだ。しかし、国の豊かさについてのフランス・エコノミストの定義にしたがうなら、そういうふうに考えてはならない。レース製造労働者は、土地の総生産物にまったく何も付加しないからだ。彼は土地の総生産物の一部を消費し、その代わりにレースの一片を残した。彼がそのレースを売れば、その製造中に彼が消費した食糧の三倍に相当するお金が手に入るかもしれない。そうすると、彼は彼個人にとっては非常に生産的な労働者だといえる。しかし、彼はその労働によって国の豊かさの本質的な部分に何かをつけ加えたと考えることはできない。したがって、生産物がその製造のコストを支払った上に地代までも担えるということ、そのことは、あれこれの労働が国にとって生産的か不生産的かを判別する唯一の基準にはならないようである。

いま仮に、少数の金持ちの虚栄心を満たすだけの工業製品をつくっている労働者が二十万人いるとしよう。その二十万人が、こんどは不毛の未開拓地に雇われ、自分たちが消費する食糧の半分しかそこでは生産できないとしよう。彼らの労働は、第三者に地代を支払えるどころか、その生産物をえるために消費した食糧の半分しか補充できない。しかし、それでも国家的な見地にたてば、彼らの労働は以前よりも生産的である。以前の仕事においては、国の食糧の一定部分を消費し、その代わりに少しばかりの絹やレースを残した。こんどの仕事においては、やはり同じ量の食糧を消費するが、こんどはその代わりに十万人分の食糧を残す。この二つの遺産のうち、国にとってほんとうに有益なのはどちらだろうか。答えはほとんど自明であろう。私が思うに、絹やレースをつくる二十万人を扶養する富が、もし食糧を増産する二十万人を扶養するために用いられたら、そのほうがはるかに有用な富の使い方なのである。

土地に用いられる資本は、それを用いる個人にとっては不生産的であっても、社会にとってはきわめて生産的だったりする。逆に、商工業に用いられる資本は、個人にとってはきわめて生産的でも、社会にとってはほとんど不生産的かもしれない。私が、工業労働は農業労働にくらべて不生産的だというのは、こういう理由による。フランス・エコノミストが挙げたような理由ではない。

じっさい、商工業で財をなす者がおり、金をばらまくほど気前のいい商人もたくさんいる。フランス・エコノミストはそれを見て、製造業者は自分たちの生活資金を倹約して金持ちになっているだけだというが、そういう説には同意できない。商工業の多くの部門で、利潤はきわめて大きく、第三者に地代を支払えるほどである。しかし、商工業の場合、この第三者が存在せず、すべての利潤は製造業の親方や商人に集中するので、たいして倹約とかしなくても、りっぱな金持ちになれるチャンスがあると思われる。そして、ケチな人間といった噂もない人物が商工業で大きな財産をつくることがあるのも、そのためである。

日常の経験がしめすとおり、商工業に用いられる労働は個人にとってはじゅうぶん生産的でも、国にとってはそれほど生産的ではない。一国における食物の増加はすべてそのまま社会全体の利益につながる。しかし、商工業でえられる財産は社会の利益につながることがあるとしても、それはきわめて遠回りで、しかも不確実である。むしろある点では逆の傾向をもつ。

消費物の国内取引は、いずれの国でももっとも重要な事業である。中国は、ほかの国を必要としないので、世界でもっとも豊かな国である。そこで、われわれもしばらく外国貿易を考えないことにしよう。さて、すぐれた工業製品をつくって、既存の食糧ストックから二人分の食糧を取り出す者と、その労働によって食糧ストックに新たに一人分を付け加える者とを比べると、たしかに国にとっては、前者は後者ほど有用ではない。絹、レース、アクセサリー、高価な家具といった消費物も社会の収入の一部をなすことに疑いはないが、それは金持ちだけの収入であり、社会全体にかかわる収入ではない。したがって、この部分の収入が増加しても、それは国民の大多数にとっての主要な収入である食糧の増加と同じくらい重要だとは考えられないのである。

アダム・スミス博士の定義によれば、外国貿易は国をさらに豊かにするものであるが、フランス・エコノミストの定義によれば、そうではない。外国貿易の主たる効用、および外国貿易が一般的に大事なものとされてきた理由は、それが外国に対抗する力や、外国の労働を支配する力を大いに増す点にある。しかし、よく研究してみると、外国貿易は国内で労働の賃金にあてられる資金を増大する点では、たいして役に立たないことがわかるはずだ。したがって、外国貿易は社会の大部分を幸福にする点でもほとんど役に立たないのである。

国が豊かになるには、まず土地の耕作の高度化があり、そして製造業の発展、そのあとに外国貿易が続く。それが自然の順序だろう。ヨーロッパでは、その順序が逆であった。土地に用いられる資本に剰余が生じて、それで製造業が起こったのではなく、製造業の資本に剰余が生じて、それで土地の耕作が進められた。都市部の工業が優先的に奨励され、したがって、農業労働よりも職人の労働のほうが賃金が高い。ヨーロッパで多くの土地が未耕作のままであるのは、おそらくそれが理由だろう。ヨーロッパ全体でそれと異なる政策が進められていたなら、たしかに人口は現在よりも増えただろうが、人口問題で悩まされることはむしろ減ったかもしれない。

人口増加がもたらす問題は興味深いテーマであり、詳細な研究と、知識を総動員しての議論に値するテーマであると私は考える。もちろん、私の微力ではとうてい論じきれるものではない。そこで私はどうしてもプライス博士の『観察記』全二巻のうちから、とくに注目すべき一節をとりだして紹介せずにはいられないのである。彼は、都市と農村の住民の平均寿命を表示して、つぎのように述べている。

「この比較から、大都会が人類の墓場と呼ばれるのは、いかに真相をうがったものであるかがわかるだろう。また、前巻の第四章の末尾でも述べたように、この問題を考える人はかならずこう確信してくれるはずだ。すなわち、人間が病気になるのは、けっして自然が本来意図したものだと考えるべきではない。病気は一般に、人間がみずからつくりだすものなのである。それは疑いない。住民がまったく自然に、かつ道徳的に生活している国があるとすれば、その国ではそれぞれに割り当てられたこの世での寿命をまっとうしないで死ぬ者はほとんどいないだろう。彼らは苦痛も体調不良も知らず、死ぬときは眠るように死んでいく。老いればどうしても避けられない体の衰弱のほかには死ぬ原因がないからである」*

＊第二巻、二四三頁。

私は、率直なところ、プライス博士がその二巻本で提示した諸事実から、彼とまったく正反対の結論を引き出さざるをえない。私はかねてから、人口と食糧はそれぞれ増加の率が異なることに気づいていたし、そのアンバランスを平衡させるものは貧困もしくは悪徳以外にないだろうという考えも、おぼろげに頭に浮かんでいた。そのとき、プライス博士の『観察記』二巻を精読したおかげで、自分の内面で考えがまとまり、そしてたちまちそれは確信となって浮上した。プライス博士は、人口は何の抑制もなければ非常な速さで増加することを、数多くの事実によって証明している。そして、自然の一般法則がそうした過剰人口を抑制する方法についても、豊富な証拠とともに明らかにしてくれる。その彼が、なぜ、上記の引用文のような一節を書けるのだろうか。私にはそれがまったく理解できない。

プライス博士は、風俗の悪化を防ぐ最良の手段として、早婚を積極的に推奨した。彼はゴドウィン氏と違って、男女の性欲がいつか消滅するなどといった幻想はいだかないし、コンドルセ氏がほのめかしているような方法でこの難題を回避できるとも考えない。彼は自然がその多産な力を大いに発揮してほしいと、くりかえし語る。しかし、そういう考えをもちながら、明白でしかも必然的な論理のみちすじを彼の理性はたどりきれなかった。すなわち、人口は抑制がなければ、人間が最善の努力でその人口を扶養する食物の増産に励んでも、その増加の速度をはるかに上回る速さで人口は増加するものなのである。それが彼には理解できなかった。これは、ユークリッド幾何学のもっとも平明な命題の結論に逆らうのと同じぐらい、私にとって驚きである。

プライス博士は、文明状態の諸段階を論じて、つぎのように述べている。「文明の初期段階、文明が単純な段階は、人類の増加と幸福にもっとも好都合な段階である」。そして、アメリカの植民地を例にあげ、現在それらの地は彼が描いた、もっとも幸福な文明の初期段階にあるといい、文明の諸段階が人口にあたえる影響のほどをきわめて鮮明に実証してくれているという。しかし、どうやら彼は気づいていないようだが、アメリカ人が幸福であるのは、文明がそういう特殊な状態にあるからではなく、新しい植民地という特殊な環境のおかげであり、未開墾の肥沃な土地が広大に存在するからなのである。ノルウェー、デンマーク、スウェーデン、あるいはわが国でも、二、三百年前はほぼ現在のアメリカと同じような文明段階にあったわけだが、けっして同じくらい幸福でもなく、同じくらいの人口増加もなかった。げんにプライス博士は昔のヘンリー八世の一法令を引用している。それはわが国における耕作の衰退と食料価格の高騰を嘆き、「そのせいで驚くべき数の人民が食うことも、家族を養うこともできなくなった」と述べたものである。

アメリカに広まっている高度の市民的自由が、その各州の産業や、ひとびとの幸福や、人口の増加に貢献したことはたしかだが、しかし、市民的自由がどれほど力強いものであったとしても、それで新しい土地が創造されるわけではない。なるほど、アメリカ人はいまや独立した国民として、かつてイングランドの支配下にあった時代よりも、大きな市民的自由を享受しているといえよう。しかし、アメリカの人口がかつてと同じ速度でこれからも増加し続けることはない。それは絶対に確実だ。

二十年前のアメリカは、下層階級のひとびとも幸せそうであった。それを考えれば、ひとびとをいつまでもその状態にとどめておきたいと思うのは、ごく自然であろう。そして、工業製品や奢侈品の輸入を禁じれば、その目的は達成できると考える人もいるかもしれない。しかし、そういう考えは、妻や愛人に日光や外の空気を浴びさせなければ、彼女たちの老化は防げるのと期待するのと同じくらいナンセンスだ。よく統治された新しい植民地は、若さが満開の状態なのだが、その状態をそのままにとどめるのはどう努力しても不可能なのである。たしかに、社会の機構についても動物と同じように、その老化を早めたり遅くしたりするのに役立つ方法はたくさんあるけれども、それに永遠の若さを保たせる方法は、いろいろ工夫してもけっして成功しない。

ヨーロッパは、農村の産業よりも都会の産業を奨励したために、早く老化したともいえる。この点で別の政策に転ずれば、いずれの国にも新しい生気と活力が吹き込まれるであろう。ヨーロッパでは、長子相続制その他の慣習のせいで、土地の値段は独占価格なので、資本を土地に用いても個人にさほど利益をもたらすことができない。したがって、土地を適切に耕作することができない。また、文明国にはかならず資産家階級と労働者階級が存在するけれども、財産はなるべく平準化することが長期的には絶対に有利である。所有者の数が多くなれば、当然、労働者の数は少なくなる。つまり、社会の大多数が財産の所有者となり、幸福になる。自分の労働以外に財産をもたない不幸な人間は少数になる。

しかしながら、どれほど最善の努力を払っても、物資の欠乏からくる圧迫は、多少緩和はできても解消することはできない。この世の人間の実相と、自然の一般法則を深く考えれば、わかってくる。人間がどれほど進歩の努力を重ねても、プライス博士が描いたような状態にはたどりつけないのだ。すなわち、「それぞれに割り当てられたこの世での寿命をまっとうしないで死ぬ者はほとんどいないだろう。彼らは苦痛も体調不良も知らず、死ぬときは眠るように死んでいく。老いればどうしても避けられない体の衰弱のほかには死ぬ原因がないからである」。そういう状態が到来しうるとは想像しがたい。

社会の大きな改善への前途には大きな障害があり、それはとても乗り越えられそうにない性質のものである。そう考えると、たしかにわれわれは、はなはだ意気消沈してしまう。人類が生存手段以上に増大してしまうという不断の傾向をもつことは、生きた自然の一般法則のひとつである。この法則が変わるとは期待できるはずもない。この問題のむずかしさを考えると、人類の改善のために気高い努力を払っているひとびともきっと落胆するにちがいない。しかし、この問題を軽視したり、後景に追いやったりするのは何の益ももたらさないことは明白だ。というより、それはむしろ逆にきわめて有害である。自分にとって不愉快だからといって真実を直視できないような、そんな男らしくない態度からは、きわめて有害な結果しか生じないだろう。われわれには、この大きな障害にかんすること以外にも、人類のためになすべきことがたくさんある。われわれはそれにも不屈の努力を払わなければならない。

とにかく、努力するにしても、われわれが出会う困難の性質や範囲や大きさについて、十分な知識と正確な理解が必要である。また、成功の見込みがない目標にむかって、精力を傾けるのは愚かである。そういうことがわからずに努力しても、それはむなしく、力をただ消耗するだけだし、われわれはいつまでも希望の頂きから遠く隔たったままにとどまる。そればかりではない。われわれは何度も落ちてくるシジフォスの岩によって永久に粉砕され続けるであろう。

第十八章

人口の原理は人間をつねに苦しめるので、そのために人は未来に希望を託すようになる――人生を試練と見なすのは、神の先見性という観念と矛盾する――この世は物質を目覚めさせ、それに精神を与える力強いプロセスであろう――精神の成長の理論――肉体的な欲求による刺激――一般法則の働きによる刺激――人口の原理がもたらす人生の厳しさによる刺激

人間は食糧確保のむずかしさゆえに一生苦しむものだという人生観は、人間は生きているあいだに自己を完成できるはずがないという考え方となり、ひたすら未来に希望を託すことにつながりやすい。そして、われわれが見てきたとおり、かずかずの自然の法則の働きがあるために、人間はどうしてもつぎのような世界観に引き寄せられ

ていく。すなわち、いまの世の中は人間がより幸福な状態にいたるための試練の場であり、道徳を学ぶ予備校なのだという考え方である。じっさい、これまでにもしばしば多くのひとがそう考えてきた。

しかし、私はこの世における人間のあり方について、いささか通説と異なる考えをこれから述べてみたいと思う。あえて言わせていただくなら、この私の考えは、われわれが日常観察するさまざまな自然現象ともきわめてよく合致し、また、われわれが抱く神の観念、すなわち、全知・全能・慈愛の観念ともよく調和するものである。

「神の道の正しさを人に示す」、そのために努力することは人間の精神を向上させるうえでけっして無駄ではない。われわれは自分の知性の乏しさをきちんと自覚しなければならない。われわれは自分が目にするものすべての根拠を理解することはできない。自分の理解力不足についても正しく自覚しなければならない。ものごとに新しい光が当たれば、それに感謝しよう。また、光が見えないときは、その闇は外部にあるのでなく、われわれの内部にあるのだと考えよう。そして、「天は地よりも高いように」「神の考えは人間の考えがおよばぬ高みにある」から、この全知の神にわれわれは畏敬の念をもって頭を下げよう。

とはいえ、われわれが貧弱な力で「全能なる神を完全に見きわめよう」と企てるなら、われわれは自然から出発して自然の神を考察すべきである。けっして神から出発して自然を考察してはならない。ものごとをあるがままに説明する努力をせずに、なぜそれがそれ以外のものではないのかと問い始めると、われわれはどこでストップしたらよいのか、わからなくなる。ついには粗野で幼稚な不条理のなかに入り込んでしまう。必然的に、神の道を知るための歩みは止まる。研究が人間の精神を向上させることもなくなる。神の力とは広大無辺かつ理解しがたい観念であるから、人間がそれを考えようとするとどうしても困惑してしまう。

われわれはしばしば粗野で幼稚な考え方で、神の力をこうイメージする。すなわち、神は無数の人間をこの世に生まれさせるが、人間はみな苦痛を知らず、欠陥もなく、みな善良かつ賢明であり、高次元の娯楽を享受でき、無限の空間のあちこちに点在するというイメージである。しかし、そのような空疎で突飛な夢想から離れて、自然という教科書に目を転ずるならば、われわれはそこで神を神そのものとして読むことができる。自然のなかでわれわれが見るのは、無数の微小な物質から成り立ったものでありながら感情を備えた存在の、とぎれることのない継続である。人間たちはこの世で、長くてしばしば苦痛にみちた人生を歩んでいく。しかし、彼らの多くが、その人生を終わる前に、もっと高次の段階にふさわしい優れた資質と実力を備えるようになる。

だとすれば、われわれはわれわれの目の前に存在するものをじっくりと考察し、それによって、神の力についての粗野で幼稚な観念を是正すべきではないか。創造主を判断するのに、彼が創造したもの以外をよりどころにしてはなるまい。そして、神の慈悲心とかを無視して神の力だけを称揚したいというのでなければ、つぎのように結論すべきではなかろうか。すなわち、この偉大な創造主がいかに全能であっても、彼の高邁《こうまい》な目的にそえるような高い質の精神を備えた存在をつくりあげるには、一定のプロセスが必要であろうし、それは一定の時間（少なくともわれわれには時間と思われるもの）を要するであろう。

人生を試練と見なすのは、人間がすでにできあがった存在であるとの想定にたつ。そこには幼年期の人間の姿は認められない。また、人生を試練と見なすのは、そこに何かしら疑わしいもの、先見の明の欠如といったものがあるとすることであり、それはわれわれがいだきたいと願う最高存在の観念と合致しない。したがって、私は、先にほのめかしておいたとおり、この世とこの人生を、試練でなく、神が精神を創造し成長させる力強いプロセスと見なしたいのである。すなわち、混沌とした不活性の物質を目覚めさせ、それに精神を与える。地上の塵を昇華させ、それに魂を与える。泥のかたまりから精気の火花をひきだす。そういうプロセスである。問題をこのように眺めると、人間が人生をとおして受け取るさまざまな印象や刺激は、創造主による成長促進の働きだと考えられよう。それは一般法則の形で作用し、活気のない存在を覚醒させ、背中を押して動き出させ、高尚な楽しみを味わう力をも与える。人間の原罪とは、混沌とした物質がいわば生まれたときのまま、覚醒もせずにただ腐敗していくことである。

精神は物質とはまったく別種のものなのか、それとも物質のより洗練された形態にすぎないのか。この問題に立ち入るのは無益である。そういう問いは、けっきょくのところ、たんなる言葉の問題にすぎない。精神は、物質でできていようと、ほかの何かであろうと、やはりあくまでも精神なのである。われわれは、心と体がきわめて密接に結びついていることを、経験をとおして知っているし、心と体が幼少期から一緒に育ち上がっていくことは、あらゆる現象がしめすとおりである。これに対し、あらゆる幼児の内部には、完全にできあがった精神がすでに存在しているという説は、ほとんど成り立ちそうにない。そちらの説によれば、二十歳まではその精神を内包している身体が虚弱だったり、鈍重だったりするために、精神の働きが妨げられ、遅らせられているのだという。

われわれがそろって納得できることをいうならば、神は人間の体とともに人間の心を創造した。そして、心と体は同時に成長し、同時に発展する。神はつねに物質をとおして精神を成長させようとする。人間が人生をとおして受け取るさまざまな印象は、神のそういう目的にむかうプロセスなのだ。この考え方は、自然の現象とも合致するように思われるので、理性にも神意にも反するものではないといえそうだ。たしかに、そういう仕事は神の崇高な属性にふさわしい。

この世における人間のありさまは、まさしくこのようなものである。精神の性質にかんするわれわれのわずかな経験からも、また諸事実の研究によっても、われわれの身の回りの現象や、人生におけるさまざまなできごとは、すべてこうした偉大な目的のために特別に仕組まれたもののように思われる。そして、とくにそれを前提にすれば、不平分子がしょっちゅう自然の神のせいにする人生の苦しさと不平等について、われわれの貧弱な知性でも、その多くをきちんと説明することができるのである。

精神を覚醒させるのは、何といっても最初は肉体的な欲求であろう。* 肉体的な欲求は、幼児の脳に感覚の活動を起こさせる最初の刺激である。そして、人間本体の物質はそもそも不活性なので、刺激の独特な連鎖によって同じくらい強烈な別の欲求が連続的に生じないのであれば、いったん覚醒した活動をとめないためにはその後も肉体的な刺激がずっと必要であろう。

＊ 私はこのテーマを本書の第二部といった形で、もう少し詳しく述べてみたいと考えていた。しかし、仕事のつごうでしばらく執筆を中断せざるをえなかったこともあり、この計画も当面は棚上げにせざるをえない。したがって、いまはただ、私が示した一般的な想定に寄り添うような二、三の重要な具体例を略述するにとどめよう。

未開人は、飢えや寒さのあまり目を覚ますということがなければ、そのまま木の下でいつまでもうたた寝し続けるだろう。そういう苦しみを避けるために、食べ物を探したり、自分で小屋をつくるなどの作業をするわけだ。しかし、その作業こそが人間の能力を育て、それを発動させる訓練なのである。人間の能力は、つねに働かせないとすぐに気が抜けて眠り込んでしまう。人間の精神構造について経験がわれわれに教えてくれたことによれば、肉体的な欲求から生じる活動意欲を人類が失ったならば、われわれは刺激の不足により、野獣と同じレベルに下落してしまうだろう。暇が増えたらみんな哲学者と同じレベルに上昇すると考えるのは、とんでもないことだ。自然に恵まれ、生産物がいちばん豊かに自生する地方の住民が、いちばん鋭い知性を備えているとはいえない。必要は発明の母というが、まことに偉大な真理である。人間の精神の高貴な営みも、肉体的な欲求を満たす必要から始まっていることが多い。欠乏こそが、しばしば詩人の想像力に翼を与え、歴史家の文章に流麗さを与え、学者の研究に鋭さを与える。たしかに現在では、さまざまの知的刺激や社会的関心によって精神が改善された人も多く、そういう人は肉体的な刺激がなくても、精神をふたたび眠り込ませたりしないだろう。しかし、人類の大半が肉体的な刺激を失ったら、かならず人類の全体が致命的な休眠状態に入り、人類の将来における改善の芽もことごとく切り取られることになろう。

私の記憶するところ、ロックもこういっている。すなわち、快楽の追求よりも苦痛を避ける努力のほうが、人生における活動にとって大きな刺激となる。ある特定の快楽を目にしても、われわれはそれを得るための行動に出るわけではない。行動に出るとすれば、それはその快楽について考えているうちに、その欠如を苦痛あるいは不安に感じるようになってからである。害を避け、利を求めるのが人間の大切な義務であり、仕事であろう。そして、この世は、そのために人間が休まずに努力し続けねばならない場面を、特別の計らいで提供してくれているように思われる。まさしくその努力、そうした刺激によって、人間の精神は成長していくのだ。以上のようなロックの考え方が正しいならば、というか、それはもう絶対に正しいはずなので、害悪こそが人間の努力を生むために必要なものであり、そして、努力こそが精神をつくるために必要なものだと思われる。

生命を支えるためには食物が必要である。その必要性は、おそらく、ほかのどんな肉体的・精神的欲求よりも、人間をたっぷりがんばらせるだろう。神は、土壌に人間がたっぷりの準備労働と工夫を加えた後でなければ、土地にはけっして多量の食糧を産出させない、と定めた。種子と種子から育つ草や木とのあいだにどういう関係があるのか、われわれの理解力ではまったくわからない。神は、自分が創造した人間の役に立つよう、どんな種類の植物も育てられるはずだ。植物を育てるさい、神は、われわれが種子と呼ぶ小さな物質の助けを借りる必要もないだろうし、人間の労働とか心配りとかも必要としない。したがって、土地を耕したり、開墾したりする作業、種を採取したり、種をまいたりする作業、そういう作業は神の創造の手助けをするものではない。それはただ、人間を活動的にして、人間の精神を理性にまで成長させるために、生きていることのありがたさをあらかじめ享受させる必要があるからである。

こうした刺激を休むことなく与え続けるために、また、人間に土地をすっかり耕させて、人間を慈悲深い神の計らいにますます寄り添わせるために、神は、人口が食物よりも速く増加するように定めた。この一般法則は（本書の前半部分で明らかにしたように）、たしかに多くの部分的な害悪を生じさせるけれども、おそらく少し考えていただくと納得してもらえるはずだが、害悪をはるかに上回る利を同時に生じさせるだろう。

強い刺激は人間の努力を生むのに必要であり、そして、この努力を正しく方向づけ、人間の理性の力を育てるためには、神の活動はつねに一般法則にしたがうものでなければならない。自然の法則は不変であること、すなわち、原因が同じなら結果も同じだと確実に期待できること、このことが理性の能力の基礎なのである。もし、日常のできごとで、神の手がしばしばわれわれの目に見えたりしたら、いや、もっと正確にいうなら（神の手は、じっさい、草の葉の一枚一枚において、われわれの目に見えるので）、神が自分の目的をころころ変えるとしたら、おそらく人間の能力はことごとく、そしてかならず働かなくなるであろう。人間の正しい方向での努力は報われる、ということが合理的に期待できなくなれば、人間の肉体的な欲求すら、人間のがんばりを刺激しなくなる。自然の法則の恒常性こそが、農夫の勤勉さや予知能力の基礎であり、職人の根気強い工夫、医者や解剖医のすぐれた研究心、自然科学者の注意深い観察力と忍耐強い調査能力などの基礎である。偉大で高貴な知識人の業績は、すべてこの恒常性のおかげであり、不滅のニュートンの精神も、やはりこの恒常性に依存する。

このように、自然の法則が不変であるという理屈は、われわれの乏しい理解力でも、明白でわかりやすい。そこで、あらためて人口の原理に立ち返り、現実にあるとおりの姿で人間を考察してみよう(理想の人間像を勝手に空想して、それにもとづいて人間を語るのは、たしかに愚の骨頂である)。人間は必要に迫られなければ、そのままじっとして、怠惰にすごし、労働を嫌がるものである。こう考えると、この世の中に人があふれているのは、人口の増加力が生存手段よりもまさっているからにほかならない、と確信をもって断言できよう。この刺激がたえず強力に働いているからこそ、人間は大地の耕作にむかうのである。しかし、それでも耕作はきわめてゆっくりとしか進まない。それを見るならば、もしも刺激がもっと弱かったら、食糧の不足はもっと深刻だったはずと結論してよかろう。

このような不断の刺激を受けても、未開人は自然の恵みがいちばん豊かなところに住み着くので、彼らが牧畜や農耕を始めるのはずいぶん後になってからである。もし人口と食糧の増加率が同じだったら、おそらく人類はいつまでも未開の状態から脱しなかっただろう。しかし、もし地上に人間があふれたりすると、アレキサンダーとかジュリアス・シーザーとかティムールのような人物があらわれ、あるいは血なまぐさい革命が起こって、人類は回復不能なまでに減少するかもしれない。この場合もやはり神の偉大な計画は成就しない。伝染病による被害は何世代にもわたり、大地震は一地方の住民を根絶やしにするかもしれない。人口増加の原理は、神の偉大な目的である創造を、人間の悪徳や、自然の一般法則がもたらす部分的な害悪である自然災害から守るものである。人口増加の原理は、地上の住民の数をぴったり生存手段のレベルに釣り合わせる。そして、それが人間への強い刺激となって、土地の耕作をさらに励まし、その結果、さらに多くの人口を養えるようになるのである。

しかし、この法則が働き、明らかに神が意図した成果をもたらすためには、どうしても部分的な害悪を伴わざるをえない。人口の原理は、あちこちの地域の事情におうじて変化するようなものではない（不変でなければ、自然の法則の一般的な経験にも反し、われわれ自身の理性にも反する。人間の知性が育つには一般法則が絶対に必要なのである）。そして、この原理によれば、肥沃な土地に人間の勤労が加わると、その地域は数年のうちに人であふれるようになる。とすると、同じ原理により、長く人が住んでいる国々ではひとびとのあいだに困窮が生じざるをえない。

なるほど、人口増加の法則はさまざまの問題を引き起こすけれども、それはじつは神の全体的な目的を阻害するものではなく、むしろ促進するものなのだ。それはたしかにそうだろう。人間をあらゆる方面で努力するように刺激するし、全体として精神の成長を促すような場面や印象を、さまざまの形で無限につくりだすからである。

この点で、刺激は強すぎてもよくない。弱すぎてもよくない。また、極端な貧乏はもちろん、極端な金持ちになるのもよくない。社会の中間層こそが、知性の改善のための最良のポジションであろう。しかし、社会全体が中間層になりうると期待するのは、あらゆる自然界のアナロジーにも反する。たとえば、地球でも温暖なゾーンが人間の精神と身体のエネルギーにとっては最適であるけれども、地球の全体が温暖なゾーンになることはありえない。地球は、一個の太陽によってのみ照らされ、暖められているものなので、事物の法則により、地球のある部分はいつでも凍るほど寒く、別のある部分はいつでも焦げるほど熱い。地表に存在するすべての物体には、かならず表と裏があり、それを構成するすべての粒子がみんな中間におさまるわけにはいかない。材木商にとって樫の木でいちばん価値があるのは、根や枝でなく、その中間の幹なのだが、材木商が求める中間部分が存在するためには根や枝が絶対に必要である。

根や枝がなければ樫の木が育つことも期待できない。しかし、新しい栽培方法で、栄養がもっと幹のほうに行くようにし、根や枝にはあまり行かないようにする、そういう方法が発見されれば、当然、材木商はその方法を一般に応用するよう努力するだろう。

同じことが社会についてもいえる。われわれは社会から貧乏人と金持ちがいなくなると期待することはできない。けれども、社会の両端の階層の人数を減らし、中間層の人数を増やすような社会統治の方法が発見されれば、当然のことながら、その方法を採用するのがわれわれの義務であろう。とはいえ、樫の木でも根や枝を切り落としすぎると、幹への樹液の循環が弱まってしまうのと同様に、社会においても両極の部分を減らしすぎると、中間の部分全体から積極的な努力が失われてしまうだろう。つまり、人間の知的な成長にとっていちばん大事な要因が失われてしまう。

もしも、人間が社会において上に昇る希望ももてず、下に落ちる恐怖も覚えなかったならば、また、努力しても報われず、怠けても罰せられなかったならば、きっと現在のような中間層は存在しなかっただろう。この問題を論じるさい、われわれは人間を集団《マス》として大きくとらえるべきであり、個々人の例で考えるべきではない。たしかに、世の中にはさまざまの人がおり、また、それは人間集団が大きければ当然のことなのだが、子どものときに特殊な刺激をうけて元気づけられ、小さな動機がなくてもその活動をずっと続けている人がたくさんいる。しかし、さまざまの有益な発見、価値のある著作、その他、賞賛すべき努力のかずかずを眺めてみれば、それらをもたらしたのは少数者を動かす大きな動機ではなく、多数者を動かす小さな動機であることがわかってくると思う。

暇は人間にとってとてもありがたいものである。それは疑いない。しかし、人間をあるがままに眺めるならば、暇は人間の大多数にとって、利よりもむしろ害をもたらすのではなかろうか。兄弟を比較すると、いろいろ出来が良いのは兄よりも弟のほうだという話をよく聞く。しかし、平均して、兄よりも弟のほうが感受性を備えて生まれるとは考えにくい。したがって、もし兄弟間でじっさいに何らかの違いが見られるとすれば、それは生まれて以後の立場の違いによるものだろう。一般的に、弟のほうは、がんばりや機敏さが絶対に必要であるのに、兄のほうは必ずしもそれを必要としない。

まさしく人生の厳しさが人間の才能を育てるのである。日常の経験によって、われわれはそれを確信できる。われわれは自活するため、あるいは家族を養うためにがんばらねばならないが、まさにその努力が自分の能力を開花させるのである。努力することがなければ、能力はずっと眠ったままであったろう。そして、よくいわれるとおり、人間はいままで出会ったことのない異常な事態にまきこまれると、それと取り組むのにふさわしい精神力ができていくものなのである。

第十九章

人生の悲しみは、人の心にやさしさと人間味をもたらすために不可欠――社会的な共感能力への刺激は、たんなる才人よりも、もっと上等な人間をつくりだす――道徳的にすぐれたものが生まれるためには、道徳的に悪いものが必要――自然の無限の変化と、形而上の問題のむずかしさが、知的な欲求による刺激をたえずかきたてる――神の啓示にまつわる難点は、この原理によって説明される――聖書で示される程度の神のあかしが、人間の能力を向上させ、人間の道徳心を改善するためには、適度である――精神は刺激によってつくられるという考えで、自然と社会における悪の存在理由は説明されるように思われる

人生の悲しみと苦しみも、人間の成長にとって刺激になる。悲しみや苦しみは、それぞれの人の心に染みこんでいって、その人にやさしさや人間らしさをもたらし、社

会問題に共感できる力を目覚めさせ、キリスト教徒としての道徳心を育み、慈善のために努力する心のゆとりを生じさせるために、なくてはならぬものだと思う。

みんながそろって裕福になるのが普通になってしまうと、各人の人格は向上せず、むしろ堕落する。人生の悲哀を知らぬまま育った人は、同胞の苦しみも喜びも、欲望も願望も、自分の心で生々しく感じ取ることができないだろう。そういう人から、やさしさとか親しみやすさなどの、あたたかい同胞愛があふれ出てくることはめったにない。どんなに高度の才能をもつことよりも、そうした思いやりの心をもつことこそが、人間性を高貴にするのである。

たしかに、才能は、精神がきわめて卓越して立派であることの、ひとつのしるしではあるが、しかし、心とはけっしてそれだけのものではない。世間には、才能を育てる方面での刺激は受けなかったけれども、社会的な共感能力への刺激を受けて、おおいに活躍している人がたくさんいる。生活が最低レベルのひとびとにも、最高レベルのひとびとにも、要するにどの階層にも、心にやさしさがあふれ、その生き方で神と人への愛を表現している人がいる。そういう人は、才能とよばれる特殊な精神力を備えてはいなくても、才能を備えた人より人間的なスケールにおいて明らかに上等である。福音書の教えに沿う慈愛の心、柔和な心、天を敬う心など、とくにキリスト教徒としてのきわだった美点とされるもののうちには、かならずしも才能は含まれない。人に好かれる性質の持ち主、快活な共感能力に目覚め、活躍している人間は、たんに知性が鋭いだけの人間よりも、天と親しく交われると思われる。

ずばぬけた才能がしばしば誤って用いられ、そして、その力が大きい分だけ、世の中に大きな害をもたらしてきた。ふつうに考えれば、また、神の啓示によれば、そういう人間はたしかに永遠の死という罰を受けるだろう。しかし、彼らは生きているあいだに、その有害な道具でひとびとを刺激し、ひとびとに嫌われ、恐れられるという印象をたっぷり与えて、自分の役割を演じきったともいえる。道徳的にすぐれたものが生まれるためには、道徳的に悪いものが絶対に必要なのである。それはほぼ間違いない。

ひたすら善行一筋の人は、ただ盲目的必然に強制されているだけというのが正しいかもしれない。そういう善行は、けっして道徳的な性質の表出ではありえない。神は全知であるから、人間を外面で判断するはずがない。その人間が善を選ぶか、悪を選ぶか、神は当然あらかじめ知っているともいえよう。この考え方は、この世を試練の場と見なす立場とは対立するが、心はこの世の中で成長していくという仮説とは対立しない。

この考え方に立てば、道徳的な悪を見て、それを良くないと思って嫌悪する人間は、善のみしか見てこなかった人間と根本的に異なる。両者はもともと同じ土のかたまりであるのに、べつべつの印象を受け取ったのである。したがって、両者は必然的に姿形も異ならざるをえない。あるいは、かりに両者が同じように美しい道徳の形を備えたとしても、一方はその内実をさらに堅牢にすべく努力を重ねるのにたいして、他方はちょっとした衝撃ですぐに傷ついたり、壊れやすい状態にとどまるといわざるをえない。美徳が熱愛され、賞揚されるのは、美徳とは逆のものが存在するおかげだろう。ひとびとは悪徳を見て嫌悪の印象をいだくからこそ、形も内容も同じように美しく、同じように成熟した性格ができあがるわけである。

人間の精神が情念や肉体的な欲求によって覚醒してから、知的な欲求が生まれる。そして、知識への欲望や、無知であることへのいらだちが、新しい大切な刺激となる。

自然界のすべては、そうした精神的な努力に刺激をあたえ、また、たゆまぬ研究に無尽蔵の養分をあたえるために、特別に計画されたもののように思われてくる。

わが国の不滅の詩人シェークスピアは、クレオパトラについてこう歌う。

「何度会ってもその無限の変化は新鮮だ」

この表現は、あらゆるものにあてはめようとすると詩的になりすぎるが、自然についてはまさしくぴったりの表現である。じっさい、無限に多様であることが自然のもっとも特徴的な性格だと思われる。自然の絵画のそこここに混ぜられた陰影こそが、その絵に精神と生命力と迫力をあたえ、その絵をこのうえなく美しいものにする。自然の粗雑な部分、不均等な部分、つまり優秀さをささえる劣等な部分は、四角四面で近視眼的で重箱の隅をつつくタイプの人間をしばしば不快にさせるけれども、しかし、まさにそういう部分が全体のつりあい、優美さ、適正なプロポーションには必要なのである。

自然の働きと形は無限に多様であり、それが生み出す印象も無限に多様であることによって、人間の精神は覚醒し、改善される。それに加えて、研究調査のフィールドを大きく拡げることにより、改善のための豊かな資源が開発される。画一的で、変化しない完全さは、精神を覚醒させる力をもつはずがない。

さて、宇宙に思いをはせてみよう。星たちは、無限の空間に散らばる他の天体の太陽なのだ。われわれの目に見えるのは、無数の世界に光と生命をあたえているそうした耀《かがや》く球体の、百万分の一にも満たないだろう。われわれは、想像を絶する創造主の強大な力を賞賛しながら、そのはかりしれない意図がつかめずに落胆し、途方に暮れ、困惑する。そういうときは、もう不平など言ってもしょうがない。地球の気候はどこも等しく温暖ではないのだ。春の陽気が一年中つづくはずがない。神が創造したものがそろって優秀なわけではない。黒雲や暴風が自然の世界を暗くするように、悪徳や貧困が人間の世界を暗くする。神が創造した作品は、すべてが等しく完璧ではない……。

理論からも現実の経験からも、われわれが学び取るのはこうだ。すなわち、自然の無限の変化は（そして、変化は何かしら劣った部分、あるいは明らかな欠点があるからこそ生じるのであるから）、神の創造のさらに高度な目的のために働き、そして、可能なかぎり多くの善を生むのである。

あらゆる形而上の問題のわかりにくさも、私が思うに、やはり知識への渇望から生じる刺激を増やすために特別に計画されたものである。おそらく人間は、地上にいるあいだに、こうした問題について完全に満足できる答えを得ることはできないだろう。しかし、だからといって、この問題に取り組むべきではないという話にはならない。人間の好奇心をそそるこうした興味深い問題が暗い闇のなかにあるのは、知性の活動と努力に無限の動機づけをあたえるための計らいかもしれない。その闇を一掃しようとたえず努力することは、たとえそれが失敗に終わったとしても、人間の思考能力を活性化し、向上させる。人間にとって探求すべき問題がなくなったら、人間の精神はおそらく停滞する。しかし、自然の形や働きは無限に多様であり、形而上の問題も人間の思考のためにたえず材料を提供してくれるので、探求すべき問題がなくなるときなど到来するはずがない。

「太陽の下に新しきものなし」というソロモンの言葉は、けっして賢者にふさわしい言葉ではない。真理は逆だろう。現在の体制が何百万年も続けば、人間の知識の量はずっと増え続けるだろうが、精神の能力とよばれるものは、確実かつ顕著に増えていくかどうか疑わしい。ソクラテスも、プラトンも、アリストテレスも、今日の哲学者と比べれば、明らかに知識の量では劣るけれども、知的な能力で劣っていたとは思われない。知性は小さな一点から立ち上がり、一定期間だけ活動を続けるものであり、おそらく、この地上においては一定数以上の印象を受容しない。なるほど、こうした印象は無限に修正されるし、そして、印象がさまざまに修正されるという事実と、胚の段階から感受性の違い*があることによって、われわれがこの世で出会う人ごとに、じつにさまざまな性格ができあがる。しかし、理論的にも現実の経験からも確実にいえることだが、個人の精神の能力は、現存する知識の量に比例して増大するものではない。

* 小麦の粒にしても、一つとして同じものがない。たしかに、伸びてくる葉に違いを生じさせるのは、主として土壌のせいであるが、それがすべてではなさそうだ。人間が成長して、思考力に差が生じるのも、もともとの胚の段階で、ある種の違いがあったからだと考えるほうが自然である。幼い子ども同士でも、感受性に大きな違いがあるのは、この仮説の正しさを証明するもののように思われる。

すぐれた精神は、他人の思想を受動的に学んで身につけることによってではなくて、自分独自の考えを努力して形成していくこと、さまざまの考え方のあらたな結合につとめること、そして、あたらしい真理を発見することによってつくられる。もしも、もはや新しい発見など期待できないとしたら、また、人間の知識の量がいまより千倍以上多くても、それらを新しく独自に結合させる努力はなされず、人間の精神はただ既存の知識を習得するためにのみ用いられるとしたら、どういうことになるだろうか。かりにそういう時代が来たら、当然、精神的な努力をうながす貴重な刺激のひとつがなくなり、知性のもっともすぐれた特質が失われる。天才の登場につながるものがすべて消滅する。そして、そういう環境のもとでは、ロック、ニュートン、シェークスピア、あるいはソクラテス、プラトン、アリストテレス、ホメロスなどが備えていたような、知的なエネルギーを備えた人間は現れそうにない。

天から、誰も疑いえないような啓示が降りてきて、いま形而上の問題を覆っている霧を吹き飛ばしてくれたらどうだろう。精神の性質や構造、あらゆる物質の性状や本質、神がおこなった創造の作業の方法、そして、宇宙の計画と組織の全体が、それによってすべて説明されたらどうだろう。知識がそのようにして獲得されるとしたら、それは人間の精神にあらたな活力や動きをもたらすどころか、未来にむけての努力をやめさせ、知性の翼の羽ばたきを抑えつけるにちがいない。

こういう理由により、私は、聖書にいくつかの疑問点や難点があることが神による創出に反対する論拠になるとは考えない。たしかに、神は、そうしようと思えば、人間に啓示を授けるさいに、つぎつぎと奇跡を起こし、圧倒的な力でひとびとの確信を生みだし、あらゆるためらいや議論をたちどころに終わらせることができただろう。しかし、われわれの理性は、創造主の企てを理解するには力が足りなくても、そういう啓示にたいする強烈な反対論については、十分に理解する力があるのだ。われわれは、知性の構造についての知識は乏しくても、この種の圧倒的な確信が何をもたらすかについては、はっきりとわかる。すなわち、それは人間の改善や道徳心の向上にはつながらず、逆に、あらゆる知的な努力にたいして、シビレエイの電気ショックのように作用し、道徳心をほとんど消滅させるだろう。

永遠の罰がくだる、と聖書に書いてあれば、それは昼のあとに夜がくるのと同じくらい確かなことだと誰もが信じるとしよう。そうすると、この広大で陰鬱な考えが、人間の能力をがんじがらめにして、ほかの考え方は入り込む余地もなくなる。人間の活動は外面がどれもほとんど同じになる。善行もその人が善人である証拠にはならない。善と悪は、混じり合って、ひとつのかたまりとなる。神であればすべてを見通すので、善と悪を区別できるだろうが、人間は人をただ見た目でしか判断できないから、必然的に人間については似たような印象しか抱けないはずだ。そして、それは神の定めだとしてしまうと、人間がどうして悪を憎むようになるのか、また、どうして神や善を愛し、敬うようになるのか、理解しづらい。

善悪についてのわれわれの観念は、なるほど、それほど精密なものでも明瞭なものでもない。しかし、私が思うに、ただ単に大きな刑罰を恐れて、あるいは大きなごほうびを期待してなされるような行為は、誰も立派な行為だとはいわないだろう。神を畏れる心が人間の英知の始まりだというのは正しいが、英知の終わりもまた神への愛であり、善の賛美である。

「罪を犯した」人間はいつか罰せられると聖書に書かれている。それは人間が悪に走るのをくいとめ、過失を犯さぬよう注意させるための、巧みな表現だろう。しかし、単に来世への恐怖だけで、人間の意志はくじけ、邪悪な人間でも善良に生きるようになるだろうか。われわれの経験によれば、そういう脅しの効き目はかならずしも明白ではない。真の信仰、すなわち、ほんとうのキリスト教徒にふさわしい美しい生き方そのもので表現される信仰は、純然たる恐怖によってではなく愛によって働くような、人情味と高潔さを備えた心のありようを指すと、一般にも考えられている。

人間は、その身体の構造により、また自然の法則の働きによって、この世でかならずさまざまの誘惑にさらされることになっている。また、この巨大な創造の窯から出てくる人間という器は、しごく当然のことながら、多くはいびつな形である。このことを考えるならば、神の手によってつくられた人間が永遠に罰せられるよう定められているとは、とても思えない。もしも、そういう考えが認められたりしたら、われわれが自然にいだく善とか正義の観念は完全にくつがえり、もはや神を慈悲深く正しい存在として仰ぎ見ることもできなくなるだろう。

しかし、福音書が示した生と不死の教え、すなわち、正義の到達点は永遠の生であり、罪の報いは死であるという教え、そういう教えはあらゆる点において正しく、慈悲深く、まさに偉大な創造主にふさわしい。またこの世の創造のプロセスにおいて、形が愛らしく美しいものは不死の栄冠を授けられるべきであり、形がみにくいものや、純粋で幸せな生き方にそぐわない心をもつものは滅びて、もとの土にもどるべきである、ともいう。たしかに、この考え方ほどわれわれの理性に合致するものはないように思われる。人間は永遠に有罪であるという宣告は、永遠の罰のひとつだと考えられるし、ときとしてそれは苦悩という形をとることがある。しかし、『新約聖書』では、この世での幸・不幸よりも、生か死か、救われるか滅びるかのほうが大切なのだ。一般的な法則の働きによって、より純粋な幸福に適した資質を形成できなかった人間について、神はただ単に彼らを本来の無感覚な土にもどす。ところが、もし神が自分の気にいらぬ人間を永遠に罰したり苦しめたりするような存在だとするならば、われわれにとって神のイメージは大きく変わるだろう。

生きることとは、一般的に言って、来世とは関係なく、それ自体がひとつの祝福である。命はひとつの贈り物であり、死など怖くないという悪人でさえ、そうあっさりとは捨てたりしない。なるほど、神は部分的に苦痛を与えるが、同時に、多くの人間を成長させ、人生を最高に楽しむ能力を授けるのである。苦痛は、授けられた幸せと比較すれば、はかりのうえのほこりみたいなものにすぎない。とすれば、われわれはこう考えるべきであろう。すなわち、この世の悪は、神による創造のプロセスにおいて絶対に必要な成分のひとつなのである。

知性を育むためには、一般的な法則が絶対に必要である。二、三の例外があっても、それで否定できるものではない。いうまでもないが、一般法則は、部分的な目的のためではなく、人類の大半のために、また数世代をつうじて役だつようにつくられたものである。精神の成長について私がすでに述べた考えによれば、自然の一般法則が何かしら神の啓示によって破られる場合、それはこの世の巨大な素材に、神が新たな要素を混入させようとして直接手を下したことのあらわれであろう。それは創造のプロセスの特定の段階にふさわしく、人間の精神を純化し、向上させ、改善するために、人間に一連の新しくてパワフルな印象をあたえようと企図されたものである。

奇跡とは、こういう啓示にともなうものなのだ。奇跡は、人間の注意をひきつけ、教義は神の教えなのか人間がつくったものなのかといった、きわめて興味深い議論を引き起こしたことで、本分を果たした。神の意図に応えたのである。そして、そういう形での神意の伝達は、そもそも卓越したやり方であるがゆえに、後々にまで響く。すなわち、それは道徳的な動機として作用し、けっして人間の能力を阻喪させたり停滞させたりせず、人間の能力を少しずつ啓発し、改善していく。神は自分の目的を果たすのにそういうやり方しか選べなかったのだろう、などと言えば、たしかに僭越《せんえつ》だ。しかし、われわれの知る神の意志の啓示にはいくつかの疑問点や難点があるし、また、われわれは、その啓示をそのまま黙って全面的に信じろと強要されると、われわれの理性が強く反対する。したがって、こう考えれば、まず間違いがない。すなわち、これらの疑問点や難点は、聖書が神の言葉を伝えていることを否定する論拠にはならない。また、聖書で示される程度の神のあかしが、人間の能力を向上させ、人間の道徳心を改善するためには、適度である。

人間がこの世で受ける印象や刺激は、神が物質を精神に変えるさいの道具である。悪を避け、善を求めるためにつねに努力しなければならないことが、こうした印象や刺激の元になる。こう考えると、人生を見つめたときに覚える難点の多くが解消されるだろう。そして、私が思うに、自然や社会になぜ悪が存在するかも、これで十分に説明ができる。したがって、その双方にまたがる悪、しかも、けっして小さくない悪、すなわち人口の原理に由来する悪の存在理由もこれで十分に説明ができる。

この考え方に立てば、この世から悪がなくなることはほとんどありえないように思われる。一方、悪がなくなりそうにないという印象は、神の明白な目的に応えるものではないことも明らかである。人間ががんばろうと怠けようと、悪の量は減りもせず増えもしないなら、悪は人間に努力をうながす刺激としてそれほど強く働かないことになるからだ。悪のプレッシャーはその重さや配分をたえず変化させるものであるからこそ、悪が除去されることへの期待もたえずかきたてられるのである。

「希望はとめどなく人の心に生じる
かなわぬ希望も、かならずかなう」

この世に悪が存在するのは、絶望を生むためではなく、行動を生むためである。われわれはそれを堪え忍ぶのではなく、それをなくすために努力しなければならない。悪を自分自身から、そして自分の力がおよぶ範囲から除去しようと最大限の努力をすることは、すべての人間の利益であると同時に、すべての人間の義務である。人間がその義務をはたすべく努力すればするほど、また、その努力の方向を定めるとき賢明であればあるほど、そして、その努力が実れば実るほど、人間の精神はおそらくますます改善され、向上するであろう。つまり、人間はそのようにして神の意志をますます完全に実現するようになると思われるのである。

解説

的場昭弘

自然と理性の相克

二〇一一年三月一一日に起こった東日本大震災は、自然の脅威を人間社会に対してまざまざと見せ付けた災害であった。国土たる大地は人間自らがつくったものではなく、自然によって与えられたものにすぎないことは間違いない。われわれは与えられたものの上に暮らしている。科学技術が発展した今日においても同じである。この大地の上で、人間は厳しい自然の法則に耐えねばならないのである。だから、人間は自然に対して本来は従でなければならない。

もちろん人間の創意工夫は科学技術を発展させ、一時的に自然を強引に人間に従属させることはできる。しかし、自然は人間程度の力を容易に乗り越え、自然の摂理《せつり》の強さをやがて見せ付けるのである。今回の大震災は、傲慢《ごうまん》になっていたわれわれ日本人に警鐘を鳴らした点において、大きな恵みをもたらすかもしれない。

一七九八年に書かれたマルサスの『人口論』も、当時の人類の傲慢な進歩思想に対する警鐘の書として出現した。一七九八年といえば、フランス革命がもたらした理性の歴史が失望へと変貌していった時代である。革命による市民の熱狂は、あらゆる権威を崩壊させたが、結局お互い同士を殺しあう殺戮《さつりく》の嵐へと進んだ。そこで人々を支配していたのは理性への信奉であった。この理性信奉によってこれまでに存在したあらゆる人間社会の問題を一挙に解決しようという壮大な計画の実験の結果は、このような悲劇に終わったのである。人間の理性にできないことはないという確信、すなわち理性信奉は、無限のエネルギーを人々に植え付けた。そうした中でさまざまな改革が行われた。とりわけ貧困問題の解決は、後の社会主義、共産主義につながる第一歩であった。

マルサスが批判の対象としている、コンドルセは、人間の身体や意識の変革によって開かれる未来社会の可能性を描いた人物であり、貧困問題を解決せんとする思想家はフランスには、マブリ、モルリイ、バブーフなど数多くいた。いずれも、理性による人間社会の規律化が貧困を消滅させると考えていた。一九世紀に展開する社会主義者や共産主義者は、まさに彼らの末裔《まつえい》である。

しかし、イギリスでは、エドムント・バークを代表としてフランス革命に対する嫌悪、とりわけ理性による進歩主義に対する懸念を表明するものが多くいた。そうした人物の一人がマルサスであった。だからこそ、マルサスは一九世紀の社会主義者や共産主義者から眼の敵とされるのである。

当然ながらイギリスにもフランスのような理性信奉主義者はいた。その一人がマルサスにこの『人口論』を執筆させる動機ともなった、ウィリアム・ゴドウィンその人である。その著書『政治的正義』はその後も大きな影響を与えた書物である。彼の妻メアリーは、女性運動家としても著名である。

ゴドウィンは人間の本質の改善の可能性について確信する。正しき人間の本性から生まれる社会制度の改革は、所有制度が生み出す貧困を解決し、貧困なき世界をつくりえると彼は確信するのである。しかし、マルサスにとっては、この楽観的ともいえる発想が許せない。なるほど貧困がなくなるとしても、こうした世界では人口がどんどん増えることで再び貧困に戻ってしまう。要するに、人口と食糧とのアンバランスが貧困の原因であるなら、人口増と食糧増は人間の理性を越えたところにある自然法則によって規制されているのだから、理性によって規制することなどできないというわけである。まさにここで二人の対立の焦点は、動物としての人間は自然によって規制されざるをえないという主張と、人間は動物を越えているがゆえにその自然法則を制御できるのだという主張のどちらが正しいかという問題へと収斂《しゅうれん》していく。そしてその問題は、すなわち理性か自然法則かという問題として展開されるのである。

マルサスと「人口法則」

ゴドウィンが超楽観主義者だとすると、マルサスは超悲観主義者ということになる。マルサスは人間の自然法則として二つをあげている。ひとつは、食糧は人間にとって不可欠のものであること、そして人間の性欲は必然であり、今も未来も性欲が消えることはないということである。

マルサスのこの確信は、彼が牧師であったことと関係している。おそらくマルサスは大変生真面目な牧師だったのだろう。一人前になるまで結婚も子供ももたないという心がけは彼の信条であったというが、もはや信条というよりも、そうあらねばそこらじゅう無責任な人間が子供を作り、まわりは人間だらけになり、食糧不足に陥るという強迫神経症のような情況におかれていたのかもしれない。

その意味で、マルサスは、女性の姿におびえた中世のヒエロニムスの生まれ変わりともいえる。ヒエロニムスは、女性に触れる事を嫌悪し、砂漠まで逃げた男だが、その砂漠でも毎晩女性の夢にうなされ、結局淫《みだ》らな夢を避けるために、聖書をまわりに置いて、祈ったという。しかしそれでも女性の姿は消えなかった。逆に言えば、彼は避けることで、ますます女性の姿が気になり、幻覚症状にいたったのかもしれない。言いかえれば、己の心の醜さに恐れおののいたというわけである。

マルサスの場合の性欲という本能は、ある意味異常なものを感じさせる。あくなき性欲と日々戦ったのだろう。だからこそ、ほかの人々も彼と同じ欲望に取り憑かれていると考え、これは自分だけの問題でなく、人類全体の問題であると話を誇大化したのかもしれない。

しかしながら、それはそれとして、ではなぜかくもマルサス主義はわれわれの心を今でも捉えるのか。マルサス主義といわれる法則は次の文章にある。「人口は、何の抑制もなければ、等比級数的に増加する。生活物資は等差級数的にしか増加しない」(本文三〇ページ)。これは工業と農業との決定的な違いを見るとわかる。工業生産物の量は確かに生産性の向上とともにある程度比例的に上昇するが、土地の生産物量は農器具の改良、土地の改良、肥料の撒布をどんなに行っても、それほど増えるわけではない。一般に収穫逓減《ていげん》の法則といわれるもので、人間と自然との間に横たわる厳然たる溝としてわれわれを苛《さいな》むものである。

一八一五年に穀物法が成立する。この穀物法をめぐっては、一般にマルサスとリカードウとの対立といわれている問題がある。マルサスは穀物法を支持する地主側に立ったとされる。マルサスの力点は、まず穀物である農作物の生産が工業生産物と同じように増大しないこと、しかも穀物価格は、労働者の賃金を構成する重要な要素だという点にある。労働者の賃金は労働者の労働能力を再生産する農作物に左右される。どんなに工業生産物の量が増えても、農産物の量が増えない限り、労働者の賃金を実現するための食糧の量が不足し、それによって食糧価格は上昇する。とすれば、工業だけが発展しても国民は飢えることになる。もちろん、貿易が自由であれば穀物を輸入すればいいのだが、世界の穀物生産自体が増えないかぎり、世界全体では穀物は不足する。とすれば、いずれにしろ工業生産に雇用される労働者を維持するためには、どこかの地域で農産物の生産量を増やさねばならないのだ。つまり、イギリスの工業生産の増大のためには、少なくともイギリスでの農産物の増大が必要になってくる。

そのためにはどうすればいいか。穀物輸入では問題が解決しない。解決はイギリス国内で穀物の生産量を増大させるしかない。穀物法によって輸入を制限し、穀物価格を高く設定すれば、借地農が増え、工業に流れた人々が農業に戻り、作付け面積が増えるはずである。イギリスにはまだまだ開墾すべき農地があるからだ。

マルサスは、農業生産物の増大に寄与しない政策には反対する。さらに穀物の輸入だけでなく、貧しいものへの保護にも反対する。人間は性欲の塊であり、かつ食欲の塊であり、人口増と食糧のバランスはつねに崩れる。それが自然法則ならば、バランスが崩れないようにするには、貧民を適当に飢えさせ、子供をつくらせないようにすることがいい。豊かさこそ人口増を誘引する誘惑だからである。だから、貧しいものがつねに一定数いることが、事前予防的な人口抑制になるというわけである。

なるほどマルサス主義は自然法則とやらをあまりにも誇大視しているように見える。マルサスの時代には、生命誕生の医学的メカニズムなど詳しいことはわかっていなかったこともあるが、性欲と人口増は直接比例するわけではない。未開墾地を含め、食糧増産の方法は、その後科学の進歩によってある程度進んでいる。だからマルサスの予測はその後幸いにもはずれているといえる。

しかしながら、突然の災害や飢饉といった問題が起こると、今でもこの問題は解決されたとはいいがたいことも事実である。人口増が食糧に規定されていることも大筋間違ってはいない。マルサスはその意味でいたずらに貧しいものを批判しているわけではない。なぜなら、彼にも理想社会があるからである。「財産はなるべく平準化することが長期的には絶対に有利である。所有者の数が多くなれば、当然、労働者の数は少なくなる。つまり、社会の大多数が財産の所有者となり、幸福になる。自分の労働以外に財産をもたない不幸な人間は少数になる」(本文二四八ページ)と述べている。

もちろんこうした後ろ向きとも思えるロマン主義は、長期的という条件がつくのであり、短期的には、やはり貧しい人々をつねに維持することで、彼らをつねに欠乏させて飢えさせ、人口増大を阻止しようと彼は考えるのである。マルサス主義を唱える人は、長期的視点よりも、短期的視点を好む。それは、まさにサディスティックな禁欲精神の礼賛である。これはある意味資本主義精神と一致する。

マルサス主義が魅力をもつのは、人間の利己心にそのまま訴えるからかもしれない。他人より秀でたいという欲望、禁欲による上昇志向は、貧しく、能力の低い人々の存在を当然とみなす傾向がある。マルサス主義といわれるものが批判の対象となるのは、まさにこの「人口法則」が、貧困の存在を正当化する論理に見えるからである。

さて、マルサスが『人口論』を書いたとき、地球上にどれだけの人間が住んでいたのであろう。一説によると八億人だそうだ。その後二百年で六〇億人に増えているのだから、大変な増大ということになろう。八億人のうちアジア人の割合は五億人だそうだ。等比級数的に伸びたかどうかは疑問だが、ただこの三五年で世界の人口が二倍になったのに対して、食糧生産は一・九倍にしか伸びてないそうである。やはり、マルサスの『人口論』は間違っていないのか。

さらに、ここ二〇年の経済成長はとりわけ人口の多い発展途上国で著しい。経済発展とともに食糧への需要はさらに増大するはずである。もちろん、問題は食糧だけに止《とど》まらない。エネルギー資源などの消費も増大する。しかも、生活水準の増大とともに平均寿命も上昇している。こうして、食糧への需要はどんどん増していくといえるかもしれない。

ある意味、発展に出遅れている地域、さらには多くの貧困層を抱える地域が、食糧需要の調節役となっているとすれば、やはりマルサスの『人口論』はいまだ妥当しているともいえる。いずれにしろマルサスが忘れ去られることは、当分ありそうにないということだ。だから『人口論』はまったく古くはなってないといえる。

社会主義者、共産主義者の批判

当然社会主義者や共産主義者は、マルサス主義を徹底的に批判してきた。ここで二人の人物を挙げてみよう。一人はフランスの社会主義者プルードン、もうひとりはいわずと知れたマルクスである。本書の訳者斉藤悦則氏は、わが国のプルードン研究の権威でもある。その意味でもプルードンのマルサス主義批判については言及するに値するだろう。

プルードンは、一八四八年八月一一日自らが主宰する新聞『人民の代表』に「マルサス主義者」という論文を掲載する。この号はよく売れ、さらにこの号をパンフレット化したものも三〇万部売れたという。六月の労働者蜂起の失敗の後、沈滞していた社会主義運動の復活を告げる論文であった。その内容を追うとこうだ。

マルサス主義者とは、所得のないものは生きる権利も家族を持つ権利もないのだと主張する人々をいう。当時の保守派ジャーナリズムは、まさにこのマルサスの論理を喧伝《けんでん》し、貧困は文明にとって永遠に必要で、人間の一部を奴隷化することも栄光ある人間の出現を生じさせるためには必要であり、それこそ国家の基礎であると騒いでいる。自由競争の原理、いわば弱肉強食の原理こそマルサス主義であり、これが資本の法則である。しかしよく考えてみれば、すべての生産物はむしろ労働者のものであり、彼らに寄生しているものこそ、生きる権利がないのだ。働く権利、生きる権利こそ革命そのものであり、その意味でマルサスの原理は革命を否定する反革命なのだ。労働が所有を生み出すのなら、生み出された生産物は労働者のものである。プルードンの要求はその意味で労働者全収益論に近い。貧しいのは、労働者が集合労働力によって生み出す利益を資本家が収奪しているからだ。だから、それを取り戻す権利がある。すでに政府によって弾圧され、言論を封じ込められていたプルードンは、怒りを爆発させるが、その怒りの矛先をマルサス主義者に向けることで、多くの人々の心をつかんだともいえる。

プルードンが問題にしているマルサス主義は、ここ最近二〇年われわれの世界を覆った自由主義者の原理に近いとも言える。生活保護の費用を引き下げ、労働能力のないものから生活手段を奪い、派遣労働者を平気で切り捨てる論理は、まさに無能なものには生きる権利がないということであった。マルサス主義はマルサスの主張と同じでないことは当然であるが、マルサスの『人口論』がその後、資本主義の悲惨さを象徴するものになったことは、プルードンの論文からみても容易に察しがつく。

マルクスは、『資本論』の第七編二三章「資本主義的蓄積の一般法則」の中の注で厳しくマルサスの『人口論』を批判している。ここでは、マルサスは、アダム・スミスの弟子イーデンが、資本主義の秘密は労働者の労働に対する支配であるという真実を図らずも語ったことに関連して触れられている。内容はマルクスらしく、きわめて辛らつである。内容はこうである。

マルサスは、フランス革命の解毒剤としてイギリスがつくりだした刺客である。彼にはオリジナリティなどまったくないのだが、ただクソ真面目な坊主であった点で影響力を増した。カトリックの僧侶のように潔く独身を通せばいいのに、彼自身結婚し子供を増やせるプロテスタントの牧師であることで、性欲の充足と人口増に寄与することになった。自分はこうした自由を得ながらも、他人の性欲と人口増には我慢ならないのだ。こうした禁欲原理を喧伝するのはプロテスタントの僧侶に決まっていて、マルサス以前の経済学者ウィリアム・ペティはこう語っている。「弁護士が飢餓に苦しむ時は法律がもっとも栄えている時であるように、僧侶の禁欲がもっともよく実行されるとき、宗教はもっとも栄える」（『資本論』岩波文庫、第三巻、一八六ページ）と。

マルクスは一八五〇年代初め、本格的に経済学を研究し始めた頃、「人口問題」に関する書物をいくつか読み、ノートをとっている（『新メガ』*IV/9）。とくにウォーレスが『人間の数についての論文』（一七五三年）で展開する、いかに人口が倍増するかという部分をしっかりと引用している。マルクスは、マルサスの『人口論』は、このウォーレスやジェームズ・ステュアートからの盗作だと断罪するのである。もっとも、それは言い過ぎの感もある。なぜなら、マルサスは、『人口論』は斬新なものではないことをはっきりと認めているし、しかもウォーレスの名前もしっかりとあげているからである。マルサスのマルサスたるところは、堂々と人口の原理を自然法則だと主張したところにあるのだ。

マルクスは比較的丁寧に『人口論』を読み、ノートをとる。そのテキストはマルサスがどんどん書き足していった後の版ではなく、この初版一七九八年版である。マルクスの関心を引いたところを引用するとこうである。

「アメリカ合衆国が好例だ。アメリカはヨーロッパのいずれの近代国家よりも、生活物資が豊かであり、ひとびとは純朴で、したがって早婚の抑制も少ない国である。その国では人口がわずか二十五年で二倍になった。／この増加率は、人口の最大増加力には及ばないが、それでも現実に経験された数値であるから、われわれはこれを基準としよう。すなわち、人口は抑制されない場合、二十五年ごとに二倍になる。つまり、人口は等比級数的に増加するのである」（本書三五ページ）。ここにマルクスは「立派な証明である」と一筆入れている。まさにこれはウォーレスの例と同じであるからだ。もっともウォーレスの方は、三三年半で二倍になるのだが。「しかし、この増え方はどう見ても等差級数的である。／ゆえに、生活物資の増え方は等差級数的である、と言ってよかろう。／そこで、以上で示した二つの増加率の結果をむすびつけてみよう」（本書三六ページ）。マルクスは、なぜ食糧の生産が等差級数的だといえるのかと疑問を呈し、それを人口増という等比級数と比較しようとするマルサスの試みに対して、「たいした理論家だ」と書き込みを入れている。マルクスは、マルサスがわずかな例だけで、人口増は等比級数的であるとか、食糧生産は等差級数的であるとか、といった結論を出すことに文句を言っているわけである。確かに、マルサスの議論は科学的であると主張しながら、肝心な証明という点ではかなり怪しい。

なぜマルサス主義はつねに議論になるのか

プルードンの批判も、マルクスの批判も、マルサス主義のもつ欠陥を厳しくえぐっていることは確かである。人間がたんなる動物でない以上、自然の法則にそのまま従うわけではない。いや人間はそうした自然のくびきから脱却してこそ人間といえる。しかし、なぜマルサス主義の議論は消えることなく続くのだろう。マルサスの言葉のもつ明瞭さにまずその要因があることは間違いない。等差級数と等比級数、高校の数学さえわかれば誰でもその大変な違いに気づく。このフレーズのうまさもさることながら、われわれの自尊心をくすぐるなにかをもっているからでもある。人間の集団ができると、いつも自慢話が始まる。名家の出であるとか、名門大学の出身であるとか、お金もちであるとか、自慢の種がつきることはない。まさにこれが人間の本性だとすれば、つねに自分より下を見つけることが人間の性《さが》ということになる。

ケーブルテレビの「動物チャンネル／アニマルプラネット」などを見ると、毎日肉食動物の生態を見せられ、否が応でも弱肉強食こそ人間社会の真の姿だと思い込みたくなる。人間はライオンやワニの仲間ではなく、猿の仲間であることなど忘れてしまう。また、モーニングショーの何でも評論家が、生活保護世帯の贅沢などをとうとうとしゃべると、つい生活保護を受けている人々に怒りが爆発する。

もちろんこれこそ人間社会の真の姿といえばいえるのだが、逆に大震災などの被害者を見ると涙する人も多い。我先に助けたいと思うのも人情というものである。どちらが本当の人間か。まさにこの悩みの中で、劣等感をもった人々にマルサスの悪魔がいつもささやくのだ。マルサスは、まるで悪役レスラーのように罵声を浴びながらも、人間社会にとってなくてはならない敵役《かたき》として登場し、時には真実の声、時には資本の手先として活躍する。この強烈な個性に対してわれわれはひるんでしまう。批判するものも、擁護するものも、この個性の強さについ飲まれてしまうのである。

＊『新メガ』とは現在刊行中の全集Marx/Engels Gesamtausgabeのことである。一九七五年旧ソ連で刊行が始まったが、ソ連崩壊後、国際協力で刊行は継続している。

マルサス年譜

一七六六年
二月一三日、イギリスのサリー州で、父ダニエル・マルサスの次男として生まれる。父のダニエルは富裕な農場主であり、ヒューム、ルソーとも親交があった。

一七七六年　一〇歳
アメリカ合衆国の独立宣言。

一七八四年　一八歳
ケンブリッジのジーザス・カレッジに入学。

一七八九年　二三歳
七月一四日、フランス革命起こる。

一七九三年　二七歳
ケンブリッジのフェロー（カレッジ研究員）になる。

一七九六年　三〇歳
サリー州のオールベリーの牧師補に就任。

一七九八年　三二歳
匿名で『人口論』初版を刊行。
八月、ゴドウィンと会見。

一七九九年　三三歳
北欧ほか、ヨーロッパ大陸旅行に出る。

一八〇〇年　三四歳
一月、父ダニエル死去（享年七〇）。
四月、母ヘンリエッタ死去（享年六七）。

一八〇三年　三七歳
著者名を明らかにして第二版『人口論』を刊行。

一八〇四年　三八歳
四月一二日、従妹のハリエットと結婚。

一八〇五年　三九歳
ヘイリベリ近郊に新設された東インド会社付属学院で、近代史および経済学の教授となる。長男ヘンリー誕生。

一八〇六年　四〇歳
第三版『人口論』を刊行。長女エミリー誕生。

一八〇七年　四一歳
第四版『人口論』を刊行。

一八〇八年　四二歳
次女ルシー誕生。

一八一一年　四五歳
リカードウとの文通、交友が始まる。

一八一五年　四九歳
穀物法制定。穀物の輸入自由化をめぐり、リカードウとの論争。

一八一七年　五一歳
第五版『人口論』を刊行。リカードウ『経済学および課税の原理』を刊行。

一八一九年　五三歳
王立科学協会の会員に選ばれる。

一八二〇年　五四歳
リカードウの経済学説に反論した『経済学原理』を刊行。

一八二三年　五七歳
『価値尺度論』を刊行。九月にリカードゥ死去、一二年にわたる交友終わる。
一八二六年　六〇歳
第六版『人口論』を刊行。
一八二七年　六一歳
『経済学における諸定義』を刊行。
一八三四年
一二月二九日、バースに近い夫人の実家でクリスマスの祝いのため一家で滞在中、気管支炎にかかり急死。享年六八。この年、新救貧法発布。

訳者あとがき

マルサスの『人口論』は若々しい天才の作品である、とケインズは評している(ケインズ『人物評伝』)。

『人口論』初版は匿名で出版され、たちまち大評判となった。つまり、たまたま読んだ人がみんな「おもしろい本を見つけた」と思い、その興奮をつぎつぎと口伝えで広めたからである。たしかに、本にこめられたメッセージは理解しやすく、刺激的であり、かつ文章としても読みやすい。

このおもしろさとわかりやすさは、著者の手持ち資料の少なさと、それでもあえて言いたいことを言い切る剛胆さによる。したがって、著者がより多くのデータをそろえ、中身を充実させ、自分の名前も明らかにした第二版以降は、むしろその分だけおもしろくなくなる。

ケインズもいう。

「最初の論文は、その方法において先験的かつ哲学的であるのみでなく、その文体は大胆にして修辞的であり、華麗な言い回しと情緒に富んでいる。これに反して、後の版では［……］青年の頃の、輝かしい才気と盛んな意気とは消えうせている」（以上、ケインズからの引用は、大野忠男訳『ケインズ全集』第一〇巻、東洋経済新報社、による）

恥ずかしいことに、私はこの翻訳に取り組む前は、その味わいがわかっていなかった。私のなかでマルサスはむしろ「悪者」に属していた。経済学を陰鬱な科学にした張本人、貧乏を貧乏人自身の責任と見なす冷酷な学者の代表格であった。

しかし、きちんと読むと逆の印象さえ生まれる。落ち込んでいる人の肩を叩き、「元気でいこうぜ」と声をかけるような、明るい若者がそこにいた。

有名人になったマルサスは、われわれにとってその本は読まなくても悪口だけは平気で言ってよい人物になってしまっている。しかし、そういう「常識」にとらわれて、彼の本を読まずにすごせば、われわれにとって大事な「生きる力」をそこから吸収し損ねることになる。いかにももったいないことである。

二〇〇年前、安価な穀物の輸入自由化をめぐって国を二分した大論争のさい、マルサスとリカードウはそれぞれの陣営を代表する論敵どうしであったが、それでも二人は友人であり続けた。なるほどね、と私は思う。意見はちがっても深く話し合える友だちってのはいる。

マルサスのように、深刻なことでもきちんと相手に届く言葉で直言できる友人は、だれにとっても貴重だ。しかも、『人口論』のあちこちからうかがえるユーモアの感覚、これもすてきである。マルサスはちっとも四角四面な人間ではない。

また、マルサスが『人口論』の序文の冒頭でいう「一友人」とは、じつはマルサスの父親のことで、『人口論』は社会主義思想に共鳴した父親にたいする批判でもあるのだが、マルサスの筆法はそれなりに自制が効いている。この点でも、いまは人の父親となった私を泣かせます。

さて、『人口論』の初版は、世界的にもなかなか入手がむずかしい、いわゆる稀覯《きこう》本である。ところが、一橋大学の社会科学古典資料センターには、その初版本がなんと三冊も収められている。

解説を書いてくれた的場昭弘さんは、かつてこの古典資料センターで助手として働いておられた。同時に、当時からすでに経済学史・社会思想史の若手研究者のあいだでは俊才として知られていた。

一方、私は古典資料センターができたばかりのころ（一九七八年）から、その内や外をうろつき、ふらふらと遊び回っていた。それでも、センターに利用客がいない日などのティータイムには、館員のお姉さん方が手招きしてくれて、私にお茶やお菓子をごちそうしてくれた。あのころ、私はただ馬鹿話をしてお姉さん方を笑わせるぐらいのことしかできなかった。

いま、ようやく古典資料のひとつを翻訳することができ、私もすこしは「お勉強」っぽいこともするんだとわかっていただけたかと思う。すでにみなさん退職されたが、親切にしてくださった館員のお姉さん方にここでお礼を言いたい。松尾恵子さん、中野悠紀子さん、深沢茉莉さん、ありがとうございました。

光文社翻訳編集部の中町俊伸さんにも感謝したい。中町さんの厳しい指摘や助言はとてもありがたく、その一言一言が私にとって勉強になったばかりでなく、この翻訳のわかりやすさ、読みやすさ（と私が主観的に納得しているもの）にその分だけつながっているはずである。

二〇一一年四月

斉藤悦則

光文社古典新訳文庫

人口論《じんこうろん》

著者　マルサス
訳者　斉藤《さいとう》 悦則《よしのり》

2011年7月20日　初版第1刷発行
2024年10月30日　　第4刷発行

発行者　三宅貴久
印刷　大日本印刷
製本　大日本印刷

発行所　株式会社光文社
〒112-8011東京都文京区音羽1-16-6
電話　03（5395）8162（編集部）
03（5395）8116（書籍販売部）
03（5395）8125（制作部）
www.kobunsha.com

落丁本・乱丁本は制作部へご連絡くだされば、お取り替えいたします。
ISBN978-4-334-75231-6 Printed in Japan

組版　新藤慶昌堂

いま、息をしている言葉で、もういちど古典を

長い年月をかけて世界中で読み継がれてきたのが古典です。奥の深い味わいある作品ばかりがそろっており、この「古典の森」に分け入ることは人生のもっとも大きな喜びであることに異論のある人はいないはずです。しかしながら、こんなに豊饒で魅力に満ちた古典を、なぜわたしたちはこれほどまで疎んじてきたのでしょうか。

ひとつには古臭い教養主義からの逃走だったのかもしれません。真面目に文学や思想を論じることは、ある種の権威化であるという思いから、その呪縛から逃れるために、教養そのものを否定しすぎてしまったのではないでしょうか。

いま、時代は大きな転換期を迎えています。まれに見るスピードで歴史が動いていくのを多くの人々が実感していると思います。

こんな時わたしたちを支え、導いてくれるものが古典なのです。「いま、息をしている言葉で」——光文社の古典新訳文庫は、さまよえる現代人の心の奥底まで届くような言葉で、古典を現代に蘇らせることを意図して創刊されました。気取らず、自由に、心の赴くままに、気軽に手に取って楽しめる古典作品を、新訳という光のもとに読者に届けていくこと。それがこの文庫の使命だとわたしたちは考えています。

このシリーズについてのご意見、ご感想、ご要望をハガキ、手紙、メール等で翻訳編集部までお寄せください。今後の企画の参考にさせていただきます。
メール　info@kotensinyaku.jp

光文社古典新訳文庫　好評既刊

永遠平和のために／啓蒙とは何か 他3編
カント／中山《なかやま》元《げん》◉訳

「啓蒙とは何か」で説くのは、自分の頭で考えることの困難と重要性。「永遠平和のために」では、常備軍の廃止と国家の連合を説く。現実的な問題意識に貫かれた論文集。

コモン・センス
トマス・ペイン／角田《つの だ》安正《やす まさ》◉訳

イギリスと植民地アメリカの関係が悪化するなか、王政、世襲制の非合理性を暴き、〝独立以外の道はなし〟と喝破した小冊子「コモン・センス」は、世論を独立へと決定づけた。

フランス革命についての省察
エドマンド・バーク／二木《ふた き》麻里《ま り》◉訳

進行中のフランス革命を痛烈に批判し、その後の恐怖政治とナポレオンの登場までも予見。英国の保守思想を体系化し、のちに「保守主義の源泉」と呼ばれるようになった歴史的名著。

種の起源（上・下）
ダーウィン／渡辺《わた なべ》政隆《まさ たか》◉訳

『種の起源』は専門家向けの学術書ではなく、一般読者向けに発表された本である。生物学のルーツであるこの歴史的な書を、画期的に分かりやすい新訳で贈る。

政治学（上・下）
アリストテレス／三浦《み うら》洋《ひろし》◉訳

「人間は国家を形成する動物である」。この有名な定義で知られるアリストテレスの主著の一つ。後世に大きな影響を与えた、プラトン『国家』に並ぶ政治哲学の最重要古典。

沈黙の春
レイチェル・カーソン／渡辺《わた なべ》政隆《まさ たか》◉訳

化学物質の乱用による健康被害、自然破壊に警鐘を鳴らし、農薬規制、有機農法の普及、エコロジー思想のその後の展開に大きな影響を与えた名著。正確で読みやすい訳文の完全版。